COLLECTION POÉSIE

OSSIP MANDELSTAM

Tristia
et autres poèmes

CHOISIS
ET TRADUITS DU RUSSE
PAR FRANÇOIS KÉREL

GALLIMARD

ISBN 2-07-032211-4

PRÉFACE

Ossip Mandelstam* est né à Varsovie le 2 janvier 1891, dans une famille juive originaire de Lettonie. Peu après sa naissance, ses parents s'installent à Saint-Pétersbourg où son père est négociant en cuirs et peaux, sa mère professeur de musique. Le jeune Mandelstam fait ses études secondaires à l'Institut Tenychevski. Il lit Marx et Kautsky, est tenté par l'action terroriste, s'intéresse à la pensée religieuse ; il écrit ses premiers vers.

Entre 1907 et 1910, Mandelstam passe environ deux ans à l'étranger — études à Paris et, pendant un semestre, à l'université de Heidelberg, brefs séjours en Suisse et en Italie du Nord. De retour en Russie, il fréquente le salon littéraire de Viatcheslav Ivanov et publie des poèmes dans les revues Apollon et l'Hyperboréen. De cette époque date son amitié avec les poètes Nicolas Goumilev et Anna Akhmatova.

---

* La plupart des renseignements dont il est fait état dans les pages qui suivent sont empruntés aux commentaires et notes des *Œuvres complètes* d'O. Mandelstam (3 volumes, Interlanguage Literary Associates, Washington, 1966-1969), et aux Mémoires de Nadejda Mandelstam, *Contre tout espoir* (traduction aux éditions Gallimard, 1974).

5

En 1912, Nicolas Goumilev et Serge Gorodetski fondent le mouvement acméiste ou adamiste, et sont aussitôt rejoints par Anna Akhmatova, Ossip Mandelstam et d'autres poètes, avec lesquels ils constituent la Guilde des poètes. L'acméisme marque une rupture avec le symbolisme finissant, mais il est également hostile au jeune futurisme. A la conception symboliste du poète mage ou théurge, les acméistes opposent le poète-homme, le poète-artisan. Le mot n'est plus considéré comme un moyen d'accéder à l'au-delà, mais comme une réalité tangible, instrument d'élaboration d'une autre réalité, celle de l'art et de la poésie, plus dense en sa matérialité que la réalité première dont elle dérive, et tout aussi réelle.

En 1913, Mandelstam publie, sous le titre La Pierre, *une plaquette qui lui assure d'emblée la notoriété auprès des critiques et des lecteurs de poésie. Le recueil, considérablement augmenté, fait l'objet d'une troisième édition en 1916. Mandelstam s'affirme aussi comme critique. Consacrés notamment à Villon, à Tchaadaiev, à Pouchkine et Skriabine, ses articles sont une réflexion sur la place du poète dans le monde, sur le destin de l'Occident et de la culture.*

En 1915 et 1916, Mandelstam, qui n'a pas été mobilisé, fait plusieurs séjours en Crimée, à Théodossie puis à Koktebel, chez le poète Maximilian Volochine, où il rencontre Marina Tsvetaieva. La révolution de février, puis la révolution d'octobre 1917 le trouvent à Pétersbourg. « Le pauvre Mandelstam qui ne boit que de l'eau bouillie et qui change de trottoir dès qu'il approche d'un poste de police, écrit Ilya Ehrenbourg en 1922, est le seul à avoir compris la dimension pathétique des événements. »

Resté à Pétersbourg jusqu'au printemps 1918, il part pour Kiev où il rencontre Nadejda Khazine. Après un long séjour en Crimée chez Max Volochine, il est tour à tour arrêté à Théodossie par les Blancs et à Tiflis par les Mencheviks géorgiens qui le soupçonnent d'être un agent bolchevik. Il regagne la Russie en compagnie d'Ilya Ehrenbourg, puis rejoint à Kiev Nadejda qu'il ne quittera plus. *Tristia*, son deuxième recueil, paraît en 1922 à Berlin et Pétersbourg, en 1923 à Moscou.

Après la guerre civile, Ossip et Nadejda Mandelstam vivent à Moscou, où ils resteront jusqu'en 1934, avec quelques brèves interruptions. Mandelstam gagne péniblement sa vie en faisant de nombreuses traductions ou mises au point de traductions d'auteurs français comme Barbusse, Duhamel, Jules Romains, ou d'auteurs anglais. Ces travaux sont souvent exécutés avec le concours de sa femme. En même temps, il collabore à plusieurs journaux et revues, et ses articles sur la poésie, la littérature, le théâtre, le rangent parmi les meilleurs critiques et théoriciens de la première période de la littérature soviétique. Ces occupations « alimentaires » et cette activité de critique ne l'empêchent pas de continuer son œuvre originale. Il travaille à des récits en prose (Le Bruit du temps *paraît en 1925*) et il achève le cycle de poèmes 1921-1925.

Mais à partir de 1925 environ, la situation d'Ossip Mandelstam, déjà difficile, devient de plus en plus précaire, matériellement et moralement. Il cesse d'écrire des poèmes jusqu'en 1930. Certes, à la suite de l'intervention de Boukharine, trois volumes de ses œuvres sont publiés en 1928 — ses poésies complètes à cette date, un recueil de réflexions critiques sur la poésie et un ouvrage regroupant ses récits en prose, Le Bruit du temps et Le Timbre égyptien —, mais Mandelstam est de plus en plus isolé. Une cabale est organisée contre Maïakovski à la suite de la représentation des Bains, Boris Pilniak et Alexandre Zamiatyne sont en butte aux attaques des « écrivains prolétariens ». En 1929, Mandelstam est accusé de plagiat dans la presse, une traduction de Till Eulenspiegel qu'il a établie à partir de deux versions précédentes ayant été, à son insu, publiée sous sa signature, mais sans que le nom des traducteurs soit mentionné. Cette affaire, qu'il évoque peu après dans un texte vengeur, jamais imprimé en U.R.S.S., La Quatrième Prose, l'atteint profondément. En 1930, Mandelstam fait avec sa femme un voyage de plusieurs mois en Arménie, d'où il rapporte un cycle de poèmes qui paraît en 1931 dans la revue Novy Mir ; un texte en prose, né de la révélation de ce pays fabuleux, est publié en 1933 dans la revue Zvezda. De cette période également date l'entretien sur Dante. En 1933, le public lettré de Leningrad accueille Ossip Mandelstam comme un des maîtres de la poésie russe. En octobre, pour la première fois dans sa vie d'adulte, le poète s'installe dans un logement dont il est locataire en titre.

Cependant, la situation politique est de plus en plus tendue. Le Voyage en Arménie est qualifié dans La Pravda de « prose de laquais », et le directeur de Zvezda est destitué pour l'avoir publié. Persuadé du devoir du poète d'écrire une « poésie civique », Mandelstam écrit des vers satiriques sur Staline et les lit à des amis. « Je suis prêt pour la mort », dit-il à Anna Akhmatova. Il est arrêté à Moscou le 13 mai 1934, le poème sur Staline étant parvenu à la connaissance des autorités.

8

Emprisonné et soumis à un régime rigoureux — priva-tion de sommeil, nourriture salée sans boisson, cachot avec camisole de force —, Ossip Mandelstam est libéré au bout d'une quinzaine de jours à la suite d'une intervention de Boukharine et d'un entretien téléphonique entre Staline et Boris Pasternak. Il est assigné à résidence à Tcherdyne en Sibérie occidentale, et tente de se suicider peu après son arrivée dans cette ville.

Une autre résidence lui est alors imposée — Voronèje où les Mandelstam passent environ trois ans jusqu'en avril 1937. Le théâtre local et la station de radio de la ville offrent tout d'abord la possibilité de menues beso-gnes, mais avec le regain de « vigilance » dont s'accom-pagne la période des purges, toute activité rémunérée, même la plus humble, est pratiquement interdite au poète. Les secours des amis de Moscou et de Leningrad sont désormais l'unique moyen de survivre. C'est dans ce dénuement qu'Ossip Mandelstam écrit ses derniers poèmes, Les Cahiers de Voronèje.

A l'expiration du délai d'assignation à résidence, les Mandelstam, privés de toute ressource, mènent une vie errante autour de Moscou, où ils sont interdits de séjour. Ossip Mandelstam est arrêté une nouvelle fois le 2 mai 1938. Le convoi qui le conduit vers sa destination finale quitte Moscou le 9 septembre et n'arrive à Vladivostok qu'à la mi-octobre. Ossip Mandelstam meurt quelques mois plus tard, officiellement le 27 décembre 1938, dans un camp de triage où les déportés sont regroupés avant d'être acheminés vers les camps de rééducation par le travail de la presqu'île de Kolyma. La date et la cause exactes de sa mort son inconnues.

Les premiers poèmes de La Pierre *sont les poèmes de*

l'inquiétude. *Le jeune homme s'interroge sur son isolement, sur la signification de sa présence dans un monde où l'appel n'éveille pas d'écho. La lumière ne prête qu'un « avare rayon ». L'univers est un univers hostile et brumeux, le lieu de l'éphémère,* des libellules promptes à vivre et aux yeux bleus, *et le poète proclame son droit de ne pas l'aimer. Il refuse le recours à tout moyen d'échapper artificiellement à sa condition terrestre. La rupture avec le symbolisme est dans l'attitude à l'égard de la vie, dans la conception de l'homme et de son rapport à la réalité avant de s'exprimer dans le langage où, dès ce moment, elle s'affirme avec éclat.* La conception du monde, *lit-on au début de l'article-manifeste intitulé « Le Matin de l'acméisme »,* est pour l'artiste un instrument et un moyen, comme le marteau dans la main du tailleur de pierre ; la seule chose réelle est son œuvre.

Mais l'être est si fragile que le poète, au sortir de l'adolescence, doute qu'il soit vraiment. Est-il vrai que je suis réel, et que la mort réellement viendra ? *L'être est instable et toujours sur le point de se dissoudre, mais tout aussi dépourvue de force est la parole naissante encore à l'état fluide, suspendue entre le mot et la musique, cette musique que le poète ne cesse d'entendre mais* qui ne peut pas le sauver de l'abîme. Suppose que l'étoile / qui brille au-dessus du magasin de mode / s'enfonce brusquement / dans mon cœur ainsi qu'une longue épingle, *dit-il encore, faisant ainsi l'aveu d'un désarroi commun à tant de poètes au seuil de l'âge adulte. A cette inquiétude, il ne tente pas d'échapper. Il la reconnaît plutôt comme une composante de son univers humain. Elle est présente, avec une intensité variable, dans toute sa poésie, elle est l'élément commun de* La Pierre *et des poèmes des dernières années. Elle le renvoie à sa condition d'homme, à sa quête terrestre de poésie. La tristesse lui est familière, et le désespoir pratiquement inconnu.*

Car l'élément de Mandelstam, c'est la terre — et de la terre, ce qu'il y a de plus dur, de plus irréductible à d'autres éléments. Ce n'est assurément pas un hasard s'il a choisi d'intituler son premier recueil La Pierre, *et l'on ne peut manquer de retenir l'analogie qu'un critique a cru pouvoir déceler entre cette poésie et la poésie « pietrosa » des années 1910 en Italie, celle de Montale et d'Ungaretti. Si le mot, par ses particules de musique, peut retourner à la fluidité, à l'élément liquide du chant, il trouve cependant dans sa double nature — logos et forme — une solidité qui permet au poète de le manier avec confiance et de bâtir. L'intérêt que Mandelstam porte à l'architecture, au gothique surtout, est fondamental ; Sainte-Sophie, Notre-Dame, l'Amirauté, qui ont inspiré quelques-uns des poèmes désormais classiques de* La Pierre, *affirment la possibilité de surmonter l'angoisse originelle en créant de l'espace, en maîtrisant les dimensions. Ce que peut le constructeur, le poète le peut aussi. Elle est, dira Mandelstam une vingtaine d'années plus tard, à propos de la strophe ou de la période longuement élaborée,* elle est par rapport au papier ce qu'est la coupole à l'espace.

On a souvent reproché à Mandelstam d'écrire une poésie au second degré qui prend sa source dans la poésie et la culture préexistantes, plutôt que dans l'expérience vécue. Mais n'est-ce pas là un des traits distinctifs de la poésie européenne du XXe *siècle ? En 1931 ou 1932, à*

11

propos de son livre sur l'Arménie, l'auteur fait cette obser-
vation qui vaut pour une large part de sa poésie : Mon
livre dit que l'œil est l'instrument de la pensée,
que la lumière est une force et que l'ornement est
pensée. Il n'y est pas question des choses, mais de
l'amitié, de la science, de la passion intellectuelle.
Les premiers essais du cinématographe, les personnages de
Dickens, la musique de Bach et de Beethoven, la Phèdre
de Racine sont le sujet de quelques-uns des poèmes de La
Pierre. *Et plus le poète remonte dans le passé, plus*
l'image qu'il en donne frappe par sa fraîcheur. Les vers de
1915 et 1916 sur la Grèce et l'Italie, qui rappellent
*parfois l'*Album de vers anciens *de Paul Valéry, sont*
tout embués de jeunesse, comme le seront quelques années
plus tard les vers antiques de Tristia. C'est pourquoi on
ne peut parler de froideur néo-classique à propos du
premier livre de Mandelstam. Ces vers, dont le rythme est
le battement de l'angoisse vécue et surmontée, ne sont pas
d'un parnassien. Le passé y est perçu à partir d'une
inquiétude existentielle pour le devenir de l'homme, à
partir d'une conscience aiguë de la réalité, qui fait irrup-
tion par un détail précis, concret, irréfutable — la bosse
du nez de César ou le portier dont le bâillement évoque le
visage du Scythe. Et la ville s'étend, stylisée, géante,
cruelle pour le petit homme condamné à respirer les
premières émanations d'essence du xxᵉ *siècle, avec ses*
filles de nuit insolentes et le jaune funeste de ses bâti-
ments, la ville qui n'est pas Rome, mais Pétersbourg au
bord de la Néva.

Ici dans la triste Tauride où nous a conduits le
destin...

Tristia *dont le titre est emprunté à Ovide est un retour à la culture et à la terre où Mandelstam situe les sources de la poésie :* Homère, Ovide, Catulle, *et la Crimée, les contrées de la mer Noire qui s'étendent jusqu'aux monts du Caucase, et qui, pour le poète, sont inséparables du paysage historique, culturel et géographique de la Méditerranée. Ici convergent la pensée juive, grecque et chrétienne. C'est aussi, avec les îles Fortunées, le pays fabuleux de l'Age d'or. Le poète vient y chercher le mot vivant dans sa pureté originelle.* Je bois comme une eau noire l'air soudain troublé / Le soc creuse le temps. La rose fut de terre / Dans le lent tourbillon, tendresse et pesanteur, / Des lourdes tendres roses font des couronnes doubles. / *Ce soc, c'est la poésie, Mandelstam le dit dans un article de 1921, « Le mot et la culture » :* La poésie est une charrue qui laboure le temps et fait apparaître à la surface ses couches les plus profondes, son Tchernoziom. *Et il ajoute :* Le poète recueille le mot et le montre au temps, comme un prêtre l'eucharistie. *Cette quête du mot retrouvé, du mot neuf, est le motif central de plusieurs poèmes de* Tristia *où il apparaît associé à d'autres thèmes, dans un poème d'amour comme* Tristia, *ou dans l'admirable poème* La scène fantomatique luit à peine, *où le chant de l'*Orphée *de Gluck devient l'accord final de strophes sur le Pétersbourg des années de la guerre civile. Et quand Mandelstam, après une paraphrase de la troisième élégie des* Tristes *d'Ovide, s'écrie :* Et seul m'est doux l'instant de la reconnaissance, *il songe moins aux retrouvailles avec un être aimé qu'à la rencontre du poète avec la parole redécouverte.*

Le recueil tout entier, on est presque tenté d'écrire

chacun de ses poèmes, est parcouru d'un mouvement de balancier — du présent révolutionnaire vers le passé mythique, du nord vers le sud, et en retour, vers le présent. La mort est là, présente. La course en traîneau dans l'énorme Moscou s'achève par la vision d'un ciel envahi d'oiseaux noirs, d'un tsarévitch enchaîné, de la paille qu'on allume. Est-ce, comme l'écrit Nadejda Mandelstam, le sentiment eschatologique de la fin des temps qu'incarne Phèdre se consumant en plein jour comme une torche noire ? D'une page à l'autre, une tragédie est en train de s'accomplir, dont la beauté des vers ne dissimule pas, mais exaspère encore l'intensité. A l'exception de quelques vers, ceux sans doute qui sont dédiés à Nadejda Mandelstam, les poèmes d'amour de Tristia sont des élégies. Parce que je n'ai su garder dans les miennes tes mains — ou encore On m'enseigna la science de l'adieu dans les plaintes / échevelées, nocturnes. Les strophes à Salomé Andronikova baignent dans un climat de décomposition : Tu es plus tendre d'avoir bu toute la mort. Dans le Pétersbourg de 1916 Ensemble douze mois chantent l'instant mortel / Et dans l'air s'égoutte la pâle glace bleue. La ville tout entière vit sa fin. Étoile transparente ! Ô flamme vagabonde, ton frère, Pétropol, va mourir.

Pour les décadents, écrit Mandelstam dans « Le mot et la culture », la musique de la putréfaction était aussi la musique de la résurrection. Bien que cette formule, qui vise Baudelaire, ne puisse s'appliquer au poète de Tristia, elle révèle un mouvement essentiel de sa pensée. Le poète en possession du mot retrouvé, se tourne vers le temps, vers l'État, et lui fait présent du mot neuf, de la culture. Car il n'est rien de plus affamé que l'État contemporain, et un État affamé est plus terrible qu'un homme affamé. *La révolution est perçue comme un cataclysme élémentaire, dont le poète sent la grandeur et la cruauté. Au moment même où surgit l'événement, il en questionne le sens dans le* Crépuscule de la liberté : Il nous en souviendra jusque dans le froid du Léthé / que la terre nous a coûté dix ciels. *Et dans le poème* Le décembriste, *écrit en 1917, on lit ces vers :* Ce n'est pas le sacrifice qu'exigent les cieux aveugles, / plus sûrs sont le travail et la persévérance. *Sur les origines intellectuelles d'Octobre, le vers* La Russie, le Léthé, Lorelei, *en dit plus long en trois mots que bien des volumes.*

Un autre aspect de Tristia, *c'est l'émerveillement devant le monde chrétien. De l'innocence païenne de l'Age d'or à la joie spirituelle de la communion la distance n'est peut-être pas si grande. Le Mot retrouvé dans sa pureté est le mot grec proféré par le prêtre, qui livre au croyant le monde en sa totalité.* Seule la lange grecque doit ici retentir / Prends dans ta main le monde comme une simple pomme ! *Mais cette plongée dans l'hellénisme et le christianisme ne peut étouffer une interrogation lancinante et, jusqu'à la fin, sans réponse, sur l'identité juive du poète :* Le soleil noir s'est levé / ... Le soleil jaune est plus terrible.

Cette analyse thématique de Tristia *ne peut donner qu'une idée très approximative de la richesse du recueil. Il n'a pas été fait mention, par exemple, des poèmes jeux de mots ou des poèmes descriptifs comme ceux consacrés à Tiflis ou à Théodossie. Mais elle permet peut-être d'entrevoir dans quelles directions s'orientent les recherches du poète. Ce retour aux sources de la culture ne peut s'ac-*

commoder d'une destruction de la forme. *Bien au contraire*, le classicisme est la poésie de la révolution, *affirme Mandelstam, et il renouvelle les formes léguées par le passé. Le pouvoir d'invention verbale et rythmique qu'il apporte à cette entreprise est sans égal et sans précédent. Il use avec une liberté souveraine du libre mot, du mot-psyché, qui attend et reçoit du poète sa signification. Il invente ou réinvente sa propre langue.*

C'est dans les poèmes des années 1921-1925 que Mandelstam se montre le plus proche de ses contemporains futuristes, de Khlebnikov en particulier. Glissements de sens, inversions sonores, adjectifs surprenants, construction du poème ou du cycle de poèmes autour de quelques mots clefs — sel, froid, étoiles, hérissé, pomme —, utilisation délibérée des possibilités offertes par la langue russe, langue de racines — *ces différents procédés mettent en lumière la qualité novatrice de ces poèmes. Mais cette ardente somptuosité exprime le désespoir. Le poète continue de s'interroger.* Siècle mien, brute mienne, qui saura / plonger les yeux dans tes prunelles / Et ressouder avec son sang / les vertèbres de deux siècles ? *Il n'y a pas de réponse. Le poète est entre les deux siècles, il jette des sortilèges, semblable au magicien dont les charmes ont perdu leur pouvoir.* Et l'eau froide est de plus en plus froide / Et plus pure la mort, plus âcre le malheur, / Et la terre plus terrible et plus vraie. *Il n'est plus question d'aller rechercher le mot pour l'offrir au temps, car le* temps m'ampute comme une pièce de monnaie et il me manque une part de moi-même. *Le poète se traite d'hypocrite à l'âme double, il interpelle son temps, le siècle dont nul ne s'évade. Comme un homme qui n'a*

16

plus d'interlocuteur, il ne se reconnaît contemporain de personne. Il n'y a plus que deux yeux aveugles. Le siècle agonise et après / sur l'écailleuse hostie deux sommeilleuses pommes / brillent du feu de leur duvet.

Le poète est sûr de sa force et de son bon droit quand il revient à la poésie en 1930 en écrivant le cycle sur l'Arménie. Il ne se laissera plus intimider par le siècle. Il étudie l'arménien ancien et l'italien, travaille à l'entretien sur Dante, compose des vers sur l'Arioste. L'Arménie lui donne sa fraîcheur païenne, les grands Italiens leur culture d'Européens, leur azur qui forme avec la mer noire un seul azur immense et fraternel. *Aimante et douloureuse sérénité du poète parlant en vers d'autres poètes ; le symboliste André Biély ou le contemporain de Pouchkine, Batiouchkov, dont il a* serré la main froide dans le gant clair.

Un des traits permanents de la poésie de Mandelstam demeure : comme elle l'était déjà au temps de La Pierre, *elle est une poésie sur la culture. Celle-ci ne se limite pas à l'art et à la littérature : elle englobe la réflexion scientifique comme en témoigne, par exemple, le poème philosophique sur Lamarck, méditation sur la place de l'homme dans la nature et sa disparition possible. André Siniavski, dans son livre* Une voix du chœur, *note que l'histoire est pour Mandelstam un élément naturel qu'il respire et à l'intérieur duquel il se meut. Le poète, dans son adolescence et sa jeunesse, s'émerveillait de l'audace et de la rigueur de l'architecture gothique, il admirait la construction poétique des strophes de Villon, la complexe articulation de la pensée de Piotr Tchaadaiev, le premier philosophe moderne de la Russie. Plus tard, le poète persécuté*

17

et vagabond n'a jamais cessé d'éprouver ce désir organique, cette faim toujours inassouvie de structure et de culture.

Parmi les poèmes de cette époque, beaucoup sont polémiques. Le poète revendique sa place légitime parmi les poètes russes, il proclame son droit à la vie, à la dignité face au siècle loup-garou et aux lâches. Il élève la protestation de l'homme déjà persécuté, il affirme sa détermination, il nous fait partager sa frayeur. De l'aveu du poète, quelques-uns de ces poèmes relèvent de la poésie civique. Comme les strophes sur Staline, qu'il a payées de sa vie.

Mandelstam dans les poèmes de Voronèje parle pour tous les hommes. Tous les suppliciés, tous les condamnés, tous les proscrits. L'homme traqué, dépourvu de tout, malade, qui sait que sa mort est toute proche, continue de refuser la capitulation. Il écrit, il élabore sans cesse de nouvelles variantes de ses poèmes, il lutte et résiste avec, pour seule arme, ses lèvres qui remuent. Il tente, presque à l'ultime moment, de rédiger une ode à Staline, mais de cette tentative vouée d'avance à l'échec, naissent d'autres cris de révolte. On y entend plus que sa voix, son corps souffrant : les hoquets de l'asthme, le sifflement de l'oreille. Le long voyage vers Tcherdyne, puis les plaines de Voronèje et de la Volga lui ont révélé la nature russe, l'espace dont on dirait qu'il fermente et pousse sur de la levure. A cette terre féconde, le poète s'identifie. Nadejda Mandelstam, au chapitre 42 du premier volume de ses Mémoires, Contre tout espoir, a décrit la genèse de ces poèmes. Qu'il suffise de rappeler ici l'intensité des derniers vers de Mandelstam, leur force tragique, leur angoisse où tinte la vibration cristalline d'une gaieté *soudain triomphante, leur diction, où la langue russe, dans la nudité de ses racines, fait entendre, avec un fracas tout neuf, ses sonorités et ses discordances élémentaires. Plus que mage ou voyant, le poète est ici l'annonciateur de valeurs morales qui lui donnent la force d'interpeller d'égal à égal les puissances du siècle. Le ton est celui d'un poète vagabond qui serait porteur de toute la poésie universelle. Verlaine et Villon ont toujours été pour Mandelstam l'exemple du poète, et quelques-uns de ses derniers vers sont consacrés à Villon. Pareil à Villon s'avance le poète russe.* Avec dans sa bouche la chanson borgne née de la mousse, la chanson à une voix née d'une existence de chasseur, *et quand je vais mourir, nous dit-il avec fierté,*

Et quand je vais mourir ayant servi mon temps
Moi de tout temps l'ami de tout vivant sur terre,
Retentira plus haut et plus immensément
L'écho du ciel dans ma poitrine tout entière.

L'œuvre du poète, en tout cas son œuvre posthume, a été préservée grâce à Nadejda Mandelstam qui a appris par cœur les textes, comme La Quatrième Prose, *jugés les plus subversifs. Les poèmes des années 1930, ceux de Voronèje par exemple, ont été confiés à des amis qui ont accepté le risque de les conserver. L'œuvre était en danger, comme l'était de son vivant le poète. A partir de 1933, le nom d'Ossip Mandelstam disparaît de toute publication soviétique ; ou s'il en est fait mention, accompagné de citations tronquées, comme dans le rapport d'A. Jdanov de 1946 sur les revues* Zvezda *et* Leningrad, *c'est pour servir de cible aux insultes. Dans les années 20, plusieurs critiques soviétiques, par exemple S. Bobrov et N. Berkovski, avaient saisi tout ce que la prose et la poésie de Mandelstam apportaient de neuf et de fécond à la littérature soviétique. Même un critique, à l'horizon apparemment plus limité, comme V. Saianov, parlait de Mandelstam, en 1929, comme d'un* poète remarquable. *Mais les tenants du réalisme socialiste ne pouvaient considérer sans frayeur la spiritualité rebelle de Mandelstam. Il faut attendre la publication des Mémoires d'Ilya Ehrenbourg en 1961 pour que soient rappelées au public soviétique et l'existence et l'œuvre du poète de* Tristia. *Le cycle de poèmes sur l'Arménie et quelques-uns des poèmes de Voronèje ont paru depuis dans des revues soviétiques. Beaucoup d'autres circulent sous forme manuscrite ou dactylographiée. Un choix de poèmes de Mandelstam, tiré à un petit nombre d'exemplaires, a paru à Moscou en 1974.*

De plus en plus, son œuvre s'impose comme l'une des plus originales et des plus importantes de la littérature russe du XXe siècle, de la littérature soviétique. Elle oblige à repenser bon nombre d'idées généralement admises sur la poésie russe moderne, en particulier sur la signification des deux principaux mouvements issus du symbolisme — l'acméisme et le futurisme. Elle atteste que Mandelstam, par sa vie et son œuvre, est inséparable de la poésie russe et de la poésie européenne. N'a-t-il pas écrit : Essayez donc de m'arracher du siècle ! Je vous le garantis, vous vous casserez le cou ! *Et en 1937, dans une lettre à Youri Tynianov, il prévoyait que ses vers allaient* bientôt se fondre dans la poésie russe, apportant pas mal de changements dans sa composition et son architecture.

Hors d'Union soviétique, Vladimir Pozner, dans son panorama de la littérature russe contemporaine, a, il y a près d'un demi-siècle, consacré de belles pages à l'œuvre de Mandelstam. En Allemagne, Paul Celan a traduit et transposé de nombreux poèmes de La Pierre et de Tristia. Ces dernières années la publication à Washington d'une édition critique en russe des Œuvres complètes de Mandelstam, puis la publication et la diffusion, dans les pays anglo-saxons et en France, des Mémoires de Nadejda Mandelstam ont permis d'accomplir un progrès décisif dans la connaissance du poète. Un grand effort est actuellement fait pour rendre la prose et la poésie de Mandelstam accessibles au lecteur non russe et les restituer au courant de la littérature universelle. Plusieurs poèmes de Mandelstam ont paru en français, en juin 1981, dans un recueil de traductions publié par René Char aux éditions Gallimard.

Le choix des poèmes d'Ossip Mandelstam a été inscrit au programme de la collection « Poètes russes contemporains », au moment où elle a été créée, en 1968. Comme on le verra, les traductions rassemblées dans ce livre vont de la version en prose à la transposition. Quelques-unes sont plus ambitieuses que d'autres, mais on s'est rarement contenté de rendre mot à mot le sens d'un poème. Tous les textes n'offrent pas au traducteur le même champ de possibilités, mais lorsqu'une chance de réussite est apparue, on n'a pas résisté à la tentation d'essayer de faire entendre en français sinon la sonorité, du moins un écho affaibli de la sonorité de Mandelstam, même s'il a fallu user parfois de la faculté reconnue au traducteur par Valery Larbaud, de substituer un autre mot à un mot de l'original. Théoriquement, les traductions proposées au lecteur devraient toutes procéder de la même conception. Mais le traducteur n'est guère théoricien. Et le serait-il, il lui serait bien difficile de systématiser ce qui est d'abord une réaction individuelle à chacun des poèmes de l'original. Une réaction individuelle qui s'accompagne toujours d'un geste de création. Même une traduction, si l'on peut dire, au premier degré, une version ligne à ligne en prose, nécessite une écoute préalable du poème, et c'est seulement à partir de cette première saisie du poème entendu et visualisé, que le traducteur peut commencer à balbutier le texte original dans sa propre langue, puis à le dérouler, à l'étendre sur le papier. La sagesse serait peut-être de ne pas chercher à franchir ce stade de la littéralité, mais de s'efforcer de rendre aussi lisible que possible cette version du poème ainsi désincarné. Une traduction en prose peut rendre la poésie par transparence ; elle évite aussi d'imposer à la poésie russe moderne, presque toujours rimée comme le sont la plupart des poèmes de Mandelstam, une forme qui risque de l'étouffer et de paraître désuète au lecteur français. Pourtant, du premier contact ou du premier choc, il reste une musique, l'écho et le pressentiment d'un poème et d'une possibilité de poème, et le traducteur ne peut s'empêcher d'aller plus loin. Il voudrait que le vers redevienne vers, que la strophe retourne à la strophe, qu'au moins le lecteur qui ignore tout ou presque tout de la langue originale voie et entende l'ombre ou l'idée d'un poème. Bon nombre des traductions de ce livre appartiennent à cette deuxième catégorie, en particulier celles des premiers poèmes de La Pierre. Déjà à ce stade, le poème traduit s'anime de sa vie propre, tend à se séparer de l'original, les mots, en passant d'une langue à l'autre, semblent changer, sinon de signification, du moins de valeur, de poids, de couleur, comme s'ils redevenaient cette substance fluide que l'auteur avait immobilisée à l'intérieur du sens choisi par lui, une Psyché de nouveau libérée du corps et à la recherche d'une demeure. Ce glissement de mots comporte évidemment bien des dangers, et il faut beaucoup de prudence pour échapper aux erreurs qu'il peut susciter et ne retenir que les altérations dictées par les exigences de la poésie.

Une fois que le poète a déclenché ce branle de mots dans l'imagination du traducteur, celui-ci n'a pas toujours le pouvoir ou la volonté d'y mettre un terme. Il risque de céder définitivement à la tentation d'aller jusqu'au bout. Des premières versions du texte, il faut alors que surgisse un poème et que ce poème s'élabore et s'achève. C'est le troisième type de traduction, un poème se substitue à la traduction, et son ambition, peut-être vaine mais réelle, est d'être l'équivalent du poème, en tout cas de le suggérer mieux et plus complètement que ne peuvent le faire des traductions apparemment plus littérales. Le plus étrange est que ces imitations paraissent souvent plus fidèles que des traductions. La version qui est ici proposée du poème Solominka *illustre cette méthode de travail. A l'alternance* Solominka *(brin de paille)* Saloméia, *sur laquelle repose toute la construction sonore du poème, nous nous sommes finalement permis, après beaucoup d'hésitations et de tâtonnements, de substituer le couple* saule/Salomé, *et nous espérons ne pas avoir, ce faisant, trahi le poète.*

Un autre mode de traduction consiste à traduire le poème sans passer par les différents stades qui viennent d'être évoqués (qui sont évidemment beaucoup moins nettement différenciés au cours du travail, où ils se

chevauchent et se recouvrent en partie), mais à commen-
cer par s'assimiler, par intérioriser le poème original pour
le recréer ensuite strophe par strophe ou globalement.
Cette méthode est sans doute plus conforme à la nature de
la poésie, mais elle supposerait la rencontre de deux
poètes. Le traducteur ne s'y est hasardé que pour des
poèmes qui semblaient rebelles à toute autre forme de
traduction, ce qui est le cas de nombreux poèmes du cycle
de Voronèje, ou pour des poèmes qui se sont impérieuse-
ment et irrationnellement imposés à lui sous cette forme
insolite.

Ce va-et-vient d'une langue à l'autre remet en question
bien des tournures figées, bien des habitudes grammatica-
les ou prosodiques. On voudrait que telle ou telle idée,
telle ou telle nuance puissent s'exprimer différemment en
français, que la langue cible se prête plus docilement aux
caprices de la langue source. Que les deux langues
deviennent mutuellement source l'une de l'autre.

Cette recherche n'est peut-être que le fruit d'un orgueil
excessif, qu'une façon de succomber au mirage de la
traduction absolue, dont on a souvent proclamé l'impossi-
bilité. En tout cas, elle risque d'entraîner le traducteur
dans l'arbitraire et elle nécessite, avant et après, une
lecture attentive du texte original comme du texte traduit,
surtout quand il s'agit d'un auteur comme Mandelstam
dont la lecture, à plus forte raison le déchiffrement et la
compréhension, soulève de redoutables difficultés pour un
lecteur non russe. Nous voudrions ici remercier tous nos
amis, russes et non russes, qui ont bien voulu prendre part
à ce travail en nous aidant à entendre et à écouter la
poésie de Mandelstam.

F. K., mai 1974-juillet 1981.

NOTE POUR LA PRÉSENTE ÉDITION

Les textes réunis dans ce volume de la collection « Poésie/Gallimard » sont repris de *Tristia et autres poèmes,* recueil publié en 1975 dans la collection « Poètes russes contemporains ».

Les traductions ont été relues avec M. Simon Markish. Ses observations, et sa connaissance intime et profonde de la poésie d'Ossip Mandelstam m'ont permis de revoir et de modifier le texte français des poèmes dans un souci de fidélité à la lettre et à l'esprit de l'œuvre originale.

Cinq poèmes, tous tirés de *Tristia,* ont été ajoutés à la présente édition.

La Pierre

Un corps me fut donné — pour quelles fins ? —
Ce corps qui est un seul, tellement mien.

Ce bonheur serein, vivre et respirer,
Qui, dites-moi, dois-je en remercier ?

Je suis le jardinier, la fleur aussi,
Au cachot du monde point seul ne suis.

Mon souffle, ma chaleur ont embué
Déjà la vitre de l'éternité.

Si du dessin s'y incrustent les traits,
L'instant d'après nul ne les reconnaît.

Que de l'instant s'écoule la buée !
La chère esquisse n'en sera brouillée.

1909.

Une tristesse inexprimable
A ouvert deux yeux immenses.
Le vase de fleurs s'éveillant
Nous éclabousse de cristal.

Toute la chambre est imprégnée
De langueur — délicieux remède !
Penser qu'un si petit royaume
A englouti tant de sommeil.

Il n'y a qu'un peu de vin rouge
Et qu'un peu de soleil de mai —
La blancheur des doigts les plus fins
Émiette le mince biscuit.

1909.

Sur le fuseau de nacre
Tendant le fil de soie,
Doigts souples commencez
L'envoûtante leçon !

Le flux et le reflux des mains,
Leurs gestes monotones
Comme si tu exorcisais
Je ne sais quel effroi solaire,

Lorsque ta large paume,
Pareille au coquillage flamboyant,
Tantôt s'éteint, vers les ombres tombant,
Et tantôt disparaît dans le feu rose !

Plus lente, la ruche neigeuse,
Et le cristal des fenêtres plus transparent.
Sur la chaise négligemment
Est jeté le voile turquoise.

Ivre de son ébriété
Et comme ignorée de l'hiver,
Attendrie par la caresse de la lumière,
L'étoffe éprouve l'été.

Et, si le gel de l'éternité pleut
Dans le diamant glacial,
Ici c'est le frémissement des libellules
Promptes à vivre et aux yeux bleus.

1910.

L'immense abîme est sombre et transparent,
La fenêtre langoureuse blanchit.
Qu'est-ce qui fait le cœur, si lentement
Et si obstinément s'appesantir ?

Tantôt il coule vers le fond de tout son poids,
Ayant du cher limon la nostalgie,
Ou, brin de paille, il remonte soudain
Et fait surface sans effort.

Avec une feinte douceur, reste au chevet
Et sois toute ta vie par toi-même bercé.
Souffre de ton angoisse comme d'une fable
Et sois tendre avec le superbe ennui.

1910.

La démarche des chevaux est si lente
Et la flamme des lanternes si pauvre !
Où me conduit-on, je me le demande,
Ces inconnus, probablement, le savent.

Je m'abandonne à leur sollicitude,
Le froid me gagne, et aussi le sommeil ;
Dans un tournant un cahot m'a jeté
Le rayon d'une étoile en plein front.

De la tête en feu le balancement,
La glace tendre de doigts inconnus,
Et les sombres sapins, leurs silhouettes
De mon regard encore inaperçues.

1911.

L'avare rayon sème d'une once froide
La lumière dans l'humide forêt.
Et moi, je porte en mon cœur lentement
Comme un oiseau gris, la tristesse.

Que puis-je faire d'un oiseau blessé ?
Le firmament se tait, se fige.
Du clocher cerné de brouillard,
On aura dérobé les cloches.

Et la muette, l'orpheline
Altitude à présent se dresse
Comme une blanche tour déserte
Où sont la brume et le silence.

Le matin, insondable de tendresse,
La demi-conscience et le demi-sommeil
Et l'oubli inassouvi,
Des pensées le brumeux carillon...

1911.

L'air grisâtre est bruissant et moite ;
On se sent bien et à l'abri dans la forêt.
Docile je vais porter une fois encore
La croix légère des promenades solitaires.

Et de nouveau, vers l'indifférente patrie,
Le reproche, comme l'oiseau, monte en spirale.
Je participe à la vie ténébreuse,
Je suis innocent de ma solitude.

Un coup de feu. Sur le lac assoupi
Les ailes des canards pèsent lourd à présent.
Les troncs des sapins sont hypnotisés
Par le reflet d'une double existence.

Ciel vitreux à l'étrange miroitement,
De l'univers la brumeuse douleur —
Ô permets-moi d'être pareillement brumeux,
Permets-moi de ne pas t'aimer.

1911.

Aujourd'hui est un jour mauvais,
Et le chœur des grillons sommeille,
Et l'abri des roches obscures
Est plus sombre que les pierres tombales.

Le cri des corbeaux prophétiques,
Le bourdon des flèches qui volent...
Je fais un rêve, un cauchemar,
Après l'instant l'instant s'enfuit.

Écarte les bornes des phénomènes,
Jette à bas la cage terrestre,
Fais retentir l'hymne sauvage,
Le cuivre des mystères rebelles !

Ô ! des âmes l'austère pendule
Se balance, vertical et sourd,
Et le destin passionnément
Frappe à notre porte interdite...

1911.

Les feuilles au souffle confus,
Le vent noir les fait frissonner
Et l'hirondelle frémissante
Trace un cercle dans le ciel sombre.

La ténèbre qui s'épaissit
Discute en mon cœur doucement
(Mon tendre cœur agonisant)
Avec le rayon qui s'éteint.

Sur la forêt qu'enveloppe le soir
Paraît une lune de cuivre.
Mais pourquoi si peu de musique
Et tellement de silence ?

1911

Qu'est-ce qui fait l'âme si mélodieuse
Et qu'il y a si peu de noms chéris,
Et que le rythme fugitif n'est qu'un hasard,
Qu'un brusque souffle de l'aquilon ?

Il soulève la poussière en nuage,
Fait frissonner la rame de papier
Et ne reviendra plus jamais, ou bien
Il reviendra tout à fait différent.

Ô toi, le large vent d'Orphée,
tu t'en iras vers les contrées marines !
Chérissant le monde incréé,
J'oubliai l'inutile « moi ».

Je m'égarai dans un bois miniature
Et découvris une grotte azurée...
Est-il vrai que je suis réel
Et que la mort réellement viendra ?

1911.

LE COQUILLAGE

Peut-être te suis-je inutile,
Nuit ; de l'abîme universel
Je suis sur ta rive jeté
Comme un coquillage sans perle.

Ta vague indifférente bat,
Et tu chantes, inconciliable ;
Mais tu aimeras, tu apprécieras
Le mensonge de l'inutile coquillage.

Tu vas revêtir ta chasuble,
T'étendre sur le sable auprès de lui,
Y nouer avec des liens indissolubles
La cloche énorme des roulis.

Et les parois du frêle coquillage,
Tu vas les emplir d'un murmure d'écume,
Comme la maison d'un cœur inhabité,
Et de vent, et de pluie, et de brume.

1911.

40

Ô ciel, ciel, tu vas en rêve m'apparaître !
Il n'est pas possible que tu sois devenu tout à fait
　　aveugle,
Et que le jour ait brûlé comme une page blanche :
Un peu de fumée et un peu de cendre !

1911.

Le froid me donne des frissons —
Je voudrais perdre l'usage de la parole.
Mais de l'or danse dans le ciel
Et m'enjoint de chanter.

Consume-toi, musicien angoissé !
Aime, souviens-toi et pleure,
Et saisis le ballon léger
Lancé d'une planète glauque.

Car le voici le véritable
Lien avec l'univers mystérieux !
Quelle inquiétude déchirante
Et quel malheur viennent d'échoir !

Suppose que l'étoile
Qui brille toujours au-dessus du magasin de mode
S'enfonce brusquement
Dans mon cœur, ainsi qu'une longue épingle.

1912.

Que m'est odieuse la lumière
Des monotones étoiles !
Salut, mon ancien délire,
Du clocher l'essor ogival !

Ô change-toi, pierre, en dentelle,
Et deviens toile d'araignée !
Que le torse vide du ciel
S'ouvre à ton aiguille aiguisée !

Mon tour aussi viendra de m'élancer.
Je sens déjà l'essor d'une aile.
Mais vers quel but, de la vive pensée,
La flèche s'envolera-t-elle ?

Ou bien je serai de retour,
Ayant mon temps et ma route épuisé.
Ici je redoute l'amour,
Là-bas je n'ai pas pu aimer...

1912.

Je n'ai pas su, dans le brouillard, saisir
Ton image douloureuse et fragile.
« Seigneur ! » ai-je dit par erreur,
Sans vouloir prononcer ce mot.

Le nom divin, comme un oiseau immense,
S'est échappé de ma poitrine.
Devant moi les volutes d'un brouillard épais,
Et derrière moi une cage vide.

1912.

Non, ce n'est pas la lune, c'est un cadran lumineux
Qui brille, et suis-je coupable si je peux
Des faibles étoiles palper la substance laiteuse ?

Que m'est odieuse la morgue de Batiouchkov :
Comme on lui demandait ici « quelle heure est-il ? »
Il répondit aux curieux « l'éternité ».

1912.

L'AMIRAUTÉ

Dans la capitale du nord un peuplier s'étiole,
Un cadran transparent au feuillage se mêle.
Frégate en la sombre verdure, ou acropole,
Il brille de loin, frère de l'eau et du ciel.

Mât rebelle au toucher et barque dans les cieux,
Aux successeurs de Pierre tenant lieu de règle,
Il enseigne : La beauté n'est pas caprice de demi-dieu,
Plutôt du charpentier l'avide coup d'œil d'aigle.

Clément nous est le règne des quatre éléments,
Et pourtant l'homme libre en suscite un cinquième.
N'est-il pas vrai : l'arche aux lignes vierges dément
De l'espace la puissance suprême ?

Les méduses collent — capricieuses, têtues.
Ainsi que des charrues jetées, rouillent les ancres,
Des trois dimensions les digues sont rompues
Et l'on accède à l'universel océan.

1913.

Au bois sont des loriots... La longueur des voyelles
Est la seule mesure dans les vers toniques.
Mais la nature, juste une fois l'an, déborde
De la durée, comme la métrique d'Homère.

Ce jour est comme une césure, grand ouvert.
Dès le matin le calme et de rudes lenteurs.
Et les bœufs sont au pré, on est trop alangui
Pour tirer d'un roseau le trésor d'une note pleine.

1914.

Homère, l'insomnie. Et les voiles tendues.
J'ai lu jusqu'au milieu le Catalogue des vaisseaux.
Cette longue couvée, ce long envol de grues
Sauvages qui jadis franchit le ciel de Grèce.

Grues s'enfonçant en coin vers d'étrangers confins,
(L'écume divine ceint la tête des rois)
Vers quels ports voguez-vous ? Ô guerriers achéens,
Vous seriez-vous, sans Hélène, souciés de Troie ?

Tout est mû par l'amour — Homère et l'océan.
Qui donc puis-je écouter ? Car Homère se tait.
La mer est noire et murmure, vaticinant,
Dans un grondement sourd frappant à mon chevet.

1915.

48

Mécontentes — comme était de Rome la plèbe —
Ces noires mégères, les vieilles brebis
S'en vont sur les collines avec dépit,
Géhenne de la nuit dans ses capuchons de ténèbre.

Elles vont par milliers, toutes en transhumance.
On dirait des baguettes leurs pattes velues
Qui courent en tremblant dans l'écume touffue
Comme les coups du sort dans une roue immense.

Il leur faut l'empereur et le noir Aventin,
Les sept collines et la Rome moutonnière,
L'amère fumée du gîte, le grain séchant sur l'aire,
Le brasier sous le ciel et l'aboiement des chiens.

Ainsi qu'un mur s'approchent les buissons,
Au galop s'avancent les tentes des guerriers,
Et les brebis accourent dans un désordre sacré...
Dans l'air, vague pesante, plane la toison.

1915.

Que paissent les troupeaux de plaisir hennissant !
On a peint la vallée à la rouille romaine
Et les ors desséchés du classique printemps
Le torrent limpide du temps les dérobe.

Les feuilles des chênes font un tapis épais.
Je foule de l'automne ce sentier désert,
Et j'évoque César — le clair dessin des traits —
Le profil féminin à la bosse perfide.

Avec le Capitole et le Forum au loin,
Dans le tranquille dépérissement de la nature
J'entends la voix d'Auguste et au bord de la terre
Tourne la pomme souveraine — les années.

Je suis natif de Rome et Rome m'a rejoint.
Qu'en soient l'âge venu mes chagrins embellis.
L'automne fut pour moi tendre comme une louve,
Et le mois des Césars, le mois d'août m'a souri.

1915.

Non, je ne verrai pas l'illustre Phèdre
Dans un ancien théâtre à l'italienne,
Du haut de la galerie enfumée,
A la lueur des chandelles qui coulent.
Indifférent aux acteurs affairés
Pour recueillir les applaudissements.
Et je n'entendrai pas le vers penché
Sur la rampe, ailé d'une rime double :

« Que ces vains ornements, que ces voiles me
    pèsent... »

Le Théâtre de Racine ! L'épaisse tenture
Nous sépare d'un monde différent ;
Entre lui et nous le rideau se dresse
Et nous émeut de ses rides profondes.
Et les châles classiques glissent des épaules,
La voix grandit, fondue par la souffrance,
Et trempé dans le feu de l'outrage
Le style accède au douloureux éclat.

Je viens trop tard aux fêtes de Racine !

Et de nouveau bruissent les affiches moisies,
Il flotte un relent d'écorce d'orange.
Comme d'une léthargie séculaire
S'éveillant, mon voisin s'écrie :
— Souffrant de la folie de Melpomène,
Je n'aspire dans la vie qu'au repos ;
Partons, avant que le public-chacal
Ne soit venu tailler la Muse en pièces !

Si seulement le Grec voyait nos jeux...

1915.

Tristia

Dans le charivari des chœurs de femmes chantent
Les tendres églises, chacune avec un autre son.
Semblables à des arcs de hauts sourcils me hantent
Dans les arches de pierre de la Dormition.

Depuis les remparts fortifiés par les archanges,
Admirable hauteur — la ville m'apparut.
Et la tristesse entre les murs de l'Acropole m'a rongé
A l'idée d'un nom russe et d'une beauté russe.

Dans l'indigo brûlant où des colombes volent
Ô ! prodige ! un jardin m'apparaît tout à coup,
Bien qu'une nonne chante les notes slavones.
Ô tendre Dormition ! Florence est dans Moscou !

Les cathédrales de Moscou me remémorent
Avec leur âme à la fois italienne et russe
Et leurs cinq coupoles la naissance d'Aurore,
Mais avec un nom russe et en pelisse de fourrure !

1916.

Sur le traîneau aux planches recouvertes de paille,
A peine dissimulés par la bâche irrémédiable,
De la Colline aux moineaux jusqu'à l'église familière
Nous allions à travers l'immense Moscou.

A Ouglitch, les enfants jouent aux osselets,
Et ça sent bon le pain laissé dans le four.
On me conduit nu-tête dans les rues
Et dans la chapelle trois cierges se consument.

Ce n'étaient pas trois cierges qui brûlaient, mais trois
     rencontres.
L'une c'était Dieu qui l'avait bénie,
La quatrième n'aura pas lieu, et Rome est loin,
Rome qu'il n'a jamais aimée.

Le traîneau s'enfonçait dans les noires ornières
Et le peuple rentrait de la promenade.
Des hommes maigres et des femmes mauvaises
Se balançaient devant les portes.

Le ciel grisâtre noircissait de vols d'oiseaux,
Et les poignets gonflaient sous les liens.
On emmène le prince. Le corps s'engourdit d'une
    horrible torpeur,
Et ils mettent le feu à la paille rousse.

1916.

LE SAULE[1]

I.

Lorsque, saule, tu veilles dans la chambre immense,
Attendant, insomniaque — est-il douleur plus grande —
De voir, sur ta paupière exaspérée descendre
Le plafond haut et lourd de calme pesanteur,

Saule, osier desséché, brin de saule sonore,
Tu t'es brisée, branche de saule inanimée,
Tu es plus tendre d'avoir bu toute la mort,
Saule, tu es saule plutôt que Salomé.

Aux heures d'insomnie les objets sont plus lourds.
Ils semblent moins nombreux à cause du silence.
Les oreillers dans le miroir font un faux jour,
Et dans le gouffre rond le grand lit se balance.

Non ce n'est pas un saule en satin solennel
Dans la chambre immense au bord de la Néva
ténébreuse,

Ensemble douze mois chantent l'instant mortel,
Et dans l'air s'égoutte la pâle glace bleue.

Décembre solennel se répand en buée,
Dans la chambre on dirait la pesante Néva.
C'est Ligé, l'agonie, ce n'est pas Salomé.
A vous mots bienheureux, ma lèvre s'enseigna.

II.

A vous mots bienheureux, ma lèvre s'enseigna —
Salomé, Lénore, Ligé, Séraphite.
Dans la chambre immense, la pesante Néva,
Un sang bleuté se répand du granit.

Décembre solennel resplendit sur les eaux.
Ensemble douze mois chantent l'instant mortel.
Ce n'est pas Salomé en satin solennel
Qui savoure le lent, le languide repos.

Dans mon sang vit l'enfant de décembre — Ligé
Dont un sarcophage garde le bienheureux amour.
Et le saule, là-bas, sans doute Salomé,
A péri de pitié et s'en va sans retour.

1916.

---

1. *Note du traducteur :* On s'est efforcé de trouver un équivalent
sonore du mot russe « solominka » (brin de paille) pour rendre le jeu
de mots et de sonorité sur lequel est construit ce poème dédié à une
femme prénommée Salomé.

J'ai froid. Le printemps transparent
Habille Pétropol d'un vert duvet.
Pourtant, les flots de la Néva m'inspirent
Comme une méduse un léger dégoût.
Sur les quais du fleuve du nord s'élancent
Les automobiles, ces vers luisants,
Il vole des libellules, des carabes d'acier.
Épingles d'or, les étoiles scintillent.
Aucune étoile pourtant ne tuera
Des flots marins l'émeraude pesante.

1916.

Dans Pétropol la transparente nous mourrons,
Où nous sommes à la merci de Proserpine.
C'est l'air mortel qu'à chaque souffle nous buvons,
Et c'est à chaque instant l'heure de notre mort.
Déesse de la mer, Athéna redoutable,
Dépouille le casque de pierre majestueux.
Dans Pétropol la transparente nous mourrons,
Où tu ne règnes pas, mais Proserpine règne.

1916.

Cette nuit est irrémédiable,
Mais chez nous il fait jour encore.
Le soleil noir s'est levé
Aux portes de Jérusalem.

Le soleil jaune est plus terrible —
Dors mon enfant l'enfant do —
Dans le temple radieux les Juifs
Ont enseveli ma mère.

Ne connaissant pas la grâce
Et privés du sacerdoce,
Dans le temps radieux les Juifs
Ont prié pour une morte.

Et sur ma Mère ont retenti
Les voix des Israélites.
Je m'éveillai dans mon berceau,
Illuminé de soleil noir.

1916.

De la bouteille lentement coulait le flux du miel doré.
Si lent et si épais que l'hôtesse eut le temps de dire
— Ici, dans la triste Tauride où le destin nous a jetés,
Nous ignorons l'ennui — Et elle regarda par-dessus son
  épaule.

Partout les communs de Bacchus, comme si n'étaient
  alentour
Que les vigies et que les chiens. On ne rencontre pas
  une âme.
Semblables à de lourds tonneaux roulent paisiblement
  les jours.
Rien à comprendre ni répondre aux voix dans la
  cabane.

Nous sortîmes après le thé dans l'immense jardin
  marron,
Les sombres stores étaient baissés comme des cils aux
  fenêtres.
Et les collines somnolentes ruisselaient d'air en fusion
Devant les blanches colonnes d'où nous contemplâmes
  les vignes.

J'ai dit : c'est comme une antique mêlée où le vignoble
   vit,
Où d'hirsutes cavaliers s'affrontent en cohortes
   bouclées.
Dans la pierreuse Tauride c'est la science de l'Hellade,
   et voici
Arpents dorés après arpents de fières terrasses rouillées.

Dans la chambre aux murs blancs le silence est dressé
   comme un rouet.
On respire la peinture, le vinaigre, le vin remonté de la
   cave.
Souviens-toi, chez le Grec, combien de temps, celle que
   tous aimaient,
Pas Hélène, mais l'autre, elle est restée à broder son
   ouvrage.

O ! Toison d'or, où puis-je te chercher, O ! Toison
   d'or ?
La vague sourde avait grondé tout au long du voyage
Et, laissant son vaisseau, les gréements rompus sur les
   mers
Empli d'étendue et de temps Ulysse s'en revint.

1917.

64

Ce n'est pas encore le temps des asphodèles, de leur limpide printemps gris. Elles sont loin encore. Pour l'heure, c'est vrai, le sable grince et l'écume éclabousse. Pourtant, comme Perséphone, mon âme franchit déjà le cercle aérien ; il n'y a pas au royaume des morts, sous le hâle, de bras tentateurs.

Pourquoi charger une barque du poids de l'urne funéraire, et pourquoi célébrer la fête des roses noires sur le flot d'améthyste ? Là-bas, vers Méganom le brumeux promontoire, mon âme s'élance déjà, d'où reviendra la voile noire après l'enterrement.

Les nuages rapides vont et viennent, masse enténébrée. Les flocons des roses noires volent sous cette lune venteuse. Oiseau de mort et de sanglot, le souvenir, bordure mortuaire, traîne son énorme drapeau derrière la poupe de cyprès.

Et le triste éventail des années s'ouvre en bruissant. Là-bas, où le talisman fut enseveli dans le sable avec l'obscur frisson, là-bas, vers Méganom le brumeux promontoire, mon âme s'élance déjà, d'où reviendra la voile noire après l'enterrement.

1917.

LE DÉCEMBRISTE

Le sénat païen peut l'attester !
Ces hauts faits sont impérissables !
Il alluma sa pipe et croisa les pans de sa blouse.
A côté on jouait aux échecs.

Il avait troqué le rêve ambitieux pour quelques rondins
Dans une vallée perdue de Sibérie,
Et pour la pipe ouvragée à ses lèvres fielleuses
Clamant la vérité en ce monde de larmes.

Les chênes d'Allemagne bruissaient de leur premier
　frisson,
L'Europe était dans les fers,
De noirs quadriges se cabraient
Aux détours des triomphes.

C'était ainsi : le punch bleu flambait dans les verres,
La compagne rhénane, guitare amie de l'homme libre,
Conversait doucement
Avec la vaste rumeur du samovar.

Il est encore des voix vivantes qui ne peuvent
Sans émotion parler de la douce liberté du citoyen.
Mais ce n'est pas le sacrifice qu'exigent les cieux
    aveugles —
Plus sûrs sont le travail et la persévérance.

Tout s'est brouillé. Il n'est personne à qui l'on puisse
    dire
Qu'en refroidissant peu à peu
Tout s'est brouillé et qu'il est doux de répéter :
La Russie, le Léthé, Lorelei.

1917.

A CASSANDRE

Je n'ai dans les instants épanouis, cherché,
Cassandre, ni tes lèvres, Cassandre, ni tes yeux,
Mais en décembre — veille solennelle —
Le souvenir nous tourmente !

Et en décembre mil neuf cent dix-sept,
Nous avons en aimant tout perdu :
L'un fut dépouillé par la volonté du peuple,
L'autre s'est dépouillé lui-même.

Mais si cette vie est la nécessité du délire,
Et si les hautes maisons font une forêt de vaisseaux,
Envole-toi, victoire aux bras coupés,
Toi, l'hyperboréenne peste !

Sur la place, parmi les automitrailleuses,
Je vois un homme : il épouvante
Les loups avec des tisons enflammés :
La liberté, l'égalité, la loi !

Chère Cassandre, tendre amour,
Tu te consumes, tu te lamentes : pour quoi
Brillait le soleil d'Alexandre,
Voici cent ans, brillait pour tous ?

Un jour, dans la capitale insensée,
A la fête des Scythes au bord de la Néva,
Dans le vacarme du bal répugnant
On arrachera le châle de la tête splendide...

Décembre 1917.

Ta prononciation merveilleuse
Est le sifflement torride d'oiseaux de proie.
Oserai-je dire : l'impression vivante
De soyeux éclairs de chaleur.

« Chut » — la tête s'appesantit.
« Psitt » — c'est ma voix qui t'appelle !
Et la distance en est bruissante :
Moi aussi je vis sur la terre.

On a beau dire : l'amour a des ailes,
La mort a bien plus d'envolée ;
La lutte encore étreint notre âme
Et nos lèvres volent vers elle.

Ce qu'il y a d'air et de soie
Et de vent dans ton chuchotis.
Comme des aveugles dans la longue nuit
Nous buvons le mélange sans soleil.

1917.

Chantent les grillons-carillon,
C'est la fièvre qui frémit,
Crisse le four desséché,
C'est une soie rouge qui brûle.

Les souris rongent de leurs dents
Le fond si mince de la vie.
Une hirondelle ou bien l'enfant
Aura détaché mon esquif.

Que chuchote au toit la pluie —
C'est une soie noire qui brûle —
Mais le merisier entendra
Jusqu'au fond des mers — adieu.

Vu que la mort est innocente
Et qu'on ne peut rien y changer —
Dans la fièvre du rossignol
Le cœur est encore brûlant.

1917.

Dans le vide effrayant la flamme vagabonde.
Une étoile peut-elle ainsi pâlir ?
Étoile transparente, Ô ! flamme vagabonde,
Ton frère, Pétropol, va mourir.

Des rêves terrestres se consument là-haut —
Étoile verte à l'instant de pâlir,
Si tu es une étoile — le frère du ciel et de l'eau,
Ton frère, Pétropol, va mourir.

Un monstrueux vaisseau dans le vide effrayant
S'envole, et voici ses ailes s'ouvrir.
Étoile verte, en son splendide dénuement
Ton frère, Pétropol, va mourir.

Le printemps transparent sur la sombre Néva
S'est écrasé. De l'immortalité coule la cire.
Si tu es une étoile, Pétropol, ta ville,
Ton frère, Pétropol, va mourir.

1918.

Quand s'apaise dans la nuit ténébreuse
Le forum enfiévré de Moscou,
Quand les gueules béantes des théâtres
Aux boulevards restituent leurs cohues,

Le long des rues somptueuses ruisselle
La gaieté des funérailles nocturnes,
D'on ne sait quelles divines entrailles
Afflue la foule à la sombre allégresse.

C'est le soleil nocturne que la pègre
Ensevelit, excitée par les jeux.
Elle revient du festin de minuit
Et les coups sourds des sabots l'accompagnent.

Et la ville, nouvel Herculanum,
Est assoupie sous les feux de la lune :
Voici du marché les humbles échoppes,
Voici la fière colonne dorique.

1918.

LE CRÉPUSCULE DE LA LIBERTÉ

Célébrons, frères, le crépuscule de la liberté,
La grande année crépusculaire.
Dans les eaux bouillonnantes de la nuit
Est plongée la pesante forêt de nasses.
Tu te lèves sur de ténébreuses années,
Ô soleil, juge, peuple !

Célébrons, frères, le fatal fardeau
Qu'en pleurs le chef du peuple prend.
Célébrons du pouvoir le ténébreux fardeau,
Son joug intolérable.
Qui a un cœur, ô temps ! celui-là doit entendre
Couler par le fond ton vaisseau.

Des hirondelles captives
Nous avons formé des légions guerrières — et voici
Qu'on ne voit pas le soleil ; toute la nature
Chuchote, s'agite, s'anime.
A travers les nasses — ce crépuscule épais —
On ne voit pas le soleil et la terre vogue.

Eh bien quoi ! essayons : un tour énorme et maladroit,
Un tour grinçant du gouvernail.
Vogue la terre. Hommes, ayez courage d'homme !
Comme d'une charrue, divisant l'océan,
Il nous en souviendra, jusque dans le froid du léthé,
Que la terre nous a coûté dix ciels.

Moscou, mai 1918.

TRISTIA

On m'enseigna la science de l'adieu
Dans les plaintes échevelées, nocturnes.
Mâchent les bœufs, l'attente se prolonge.
Déjà la dernière heure des vigiles.
De cette nuit des coqs je vénère le rite —
Levant le fardeau de l'errante peine
Les yeux éplorés regardaient au loin,
Mêlant un pleur de femme au chant des muses.

L'adieu — qui peut disant ce mot savoir
Ce qu'il porte de séparation,
Ce que prophétise le cri du coq
Quand la flamme brûle sur l'Acropole,
Et à l'aube d'une vie nouvelle,
Quand dans l'enclos le bœuf lentement mâche,
Pourquoi le coq, clamant la vie nouvelle,
Bat des ailes sur les murs de la ville.

Et j'aime la coutume des fileuses :
La navette va, le fuseau gémit.
Vois-tu : déjà, comme un duvet de cygne,

Délie, pieds nus, vole à notre rencontre.
Hélas ! De notre vie la maigre trame !
Comme est pauvre la langue de la joie !
Tout ce qui fut sera encore et seul
Est doux l'instant de la reconnaissance.

Ainsi sera : la silhouette transparente
Gît sur la plaque immaculée d'argile
Comme la peau tendue d'un écureuil.
Sur la cire, penchée, une femme regarde.
L'Érèbe grec nous est impénétrable.
Aux hommes le bronze, aux femmes la cire...
C'est au combat que nous échoit le sort.
Elles meurent en disant l'avenir.

1918.

Les muses, sur les pentes rocailleuses de la Piérie, exécutaient la ronde originelle pour que d'aveugles joueurs de lyre nous fassent, comme des abeilles, présent du miel d'Ionie. Un froid sublime s'exhalait du front virginal et bombé pour qu'aux générations lointaines s'ouvrent les tendres tombes de l'archipel.

Et le printemps bondit, foulant aux pieds les prairies de la Grèce, Sapho chausse la sandale chamarrée, et les cigales sous leurs marteaux, comme on chante dans la chanson, forgent la bague. Le brave charpentier a construit une haute maison et on a étranglé toutes les poules pour la noce, mais le savetier malhabile a déroulé jusqu'à cinq peaux de bœuf pour les chaussures.

La maladroite tortue-lyre se prélasse, adactylique, rampant à peine. Elle réchauffe en silence au soleil de l'Épire son ventre d'or. Eh bien ! Qui la voyant ainsi viendra la caresser, qui va la retourner dans son sommeil ? C'est de Terpandre qu'elle rêve, des doigts secs pressentant l'assaut.

Et les chênes s'abreuvent à l'eau froide de la source, l'herbe frémit, les cheveux en désordre, et les guêpes se réjouissent du parfum de la pulmonaire. Hélas ! Où êtes-vous, îles Fortunées ! Où l'on ne mange pas le pain rompu, où il n'y a que du vin, du miel et du lait, où le travail grinçant n'assombrit le ciel, et la roue tourne sans effort.

1919.

Du gouffre de cristal vertigineux à-pic !
Les monts terre de Sienne intercèdent pour nous,
Des rocs déments les cathédrales acérées
S'accrochent dans les airs où sont laine et silence.

L'orgue, bastion de l'Esprit Saint, dévale
L'escalier suspendu des rois et des prophètes,
Clair aboiement des chiens et leur bonne férocité,
Houlette des juges, houppelande des bergers.

La terre est immobile et avec elle
Je bois du christianisme l'air froid des hauteurs,
La pause du psalmiste et le credo compact,
Des églises des apôtres haillons et clés !

Ah ! par quel trait pourrait-on rendre le cristal
Des notes aiguës dans l'éther fortifié ?
Des chrétiennes hauteurs dans l'espace étonné,
Descend, comme un chant de Palestrina, la grâce.

1919.

O cet air soûlé de révolte
Sur la place noire du Kremlin !
Les mutins secouent la branlante assemblée,
Les peupliers embaument d'inquiétude.

Le visage de cire des cathédrales,
L'épaisse forêt des clochers.
On dirait que se cache dans les chevrons de pierre
Un brigand à la langue coupée.

Et dans les cathédrales scellées
Où il fait sombre et frais
Comme dans les tendres amphores d'argile
Pétille le vin de Russie.

La Dormition, courbe parfaite,
Tout entière allégresse de cintres divins,
Et l'Annonciation, tellement verte,
On dirait, soudain, qu'elle roucoule !

Les Archanges et la Résurrection
Sont transparents comme une paume,
C'est la passion, partout cachée,
Dans les jarres, dissimulée, la flamme...

Pesanteur et tendresse, sœurs aux signes semblables,
Lourdes roses pour les guêpes et les mouches à miel.
L'homme agonise, la chaleur s'échappe du sable
Et sur de noirs brancards gît le soleil d'hier.

La pierre est plus légère qu'à ma bouche ton nom.
Ô ! lourds rayons des ruches et vous tendres réseaux !
Je n'ai pour vivre désormais d'autre raison —
Ce beau souci, du temps surmonter le fardeau.

Je bois comme une eau noire l'air soudain troublé.
Le soc creuse le temps. La rose fut de terre.
Dans le lent tourbillon, tendresse et pesanteur,
Des lourdes tendres roses font des couronnes doubles.

Koktebel, mars 1920.

De Venise, la vie sombre et stérile. Je crois en connaître le sens. C'est elle, souriante et froide, qui se penche sur le pâle azur du verre décrépit.

L'air ténu de la peau. Les minces vaisseaux violets. La neige blanche. Le brocart vert. On les dépose tous sur les civières de cyprès, on les débarrasse, somnolents et tièdes, de leur manteau.

Et les cierges brûlent, brûlent dans les corbeilles. C'est comme un pigeon venu dans l'arche par hasard. Sur la scène du théâtre, et dans l'assemblée oisive, l'homme est à l'agonie.

Car l'amour ni la peur ne nous laisse échapper. L'anneau de Saturne est plus lourd que le platine. Voici l'échafaud drapé de velours noir. Et le visage splendide.

Que tes ornements te pèsent, Venise ! Et tes miroirs aux cadres de cyprès. Même l'air fut taillé. Les montagnes bleues de verre décrépit fondent dans la chambre.

Mais les doigts tiennent une rose ou une fiole. Adriatique verte, adieu ! Parle, dis-moi comment échapper, Vénitienne, à cette mort, si mourir est une fête !

L'astre noir scintille dans le miroir. Tout va. La vérité nous est obscure. L'homme vient au monde. La nacre est mortelle. Suzanne attendra les vieillards.

1920.

Quand Psyché-la-vie vers les ombres se glisse,
Au bois mi-transparent suivant Perséphone,
Avec le rameau vert, la douceur du Styx,
L'hirondelle aveugle se jette à ses pieds.

Les ombres accourues en foule plaintive
A sa vue commencent à se lamenter,
Se tordent les mains devant la fugitive,
Pleines d'espoir craintif, d'incrédulité.

L'une tient un miroir, l'autre des parfums,
L'âme est féminine, elle aime les babioles.
Les sanglots secs mouillent d'un léger crachin
Le bois dépouillé des limpides paroles.

Et l'âme, en ce tendre bruit, dépaysée,
Ne reconnaît pas les transparents ombrages,
Souffle sur le miroir, et tarde à payer
D'un sablé de cuivre le triste passage.

1920.

J'ai oublié le mot que j'allais prononcer.
L'hirondelle aveugle retourne au royaume des ombres,
L'aile rognée jouer avec les transparentes.
Un chant nocturne chante en cette pâmoison.

Les oiseaux se sont tus. L'immortelle n'a pas fleuri.
Leur crinière est limpide aux nocturnes troupeaux.
La barque flotte vide en un fleuve tari
Et parmi les grillons la parole se pâme.

Pour s'élever, temple ou coupole, lentement,
Et soudain contrefaire Antigone démente,
Ou tomber à nos pieds comme hirondelle morte,
Parée d'un rameau vert et de douceur stygienne.

Ô ! rendre aux doigts voyants seulement la pudeur
Et la saillante joie de la reconnaissance.
Je crains plus que tout le sanglot des Aonides,
La cloche, le brouillard et la faille béante.

Les mortels ont ce don — reconnaître et aimer,
Même le son coule dans leurs doigts comme une onde,
J'ai oublié le mot que j'allais prononcer.
Désincarnée l'idée retourne au royaume des ombres.

Pourtant ce n'est pas ce que dit la transparente —
Antigone, l'amie, l'hirondelle...
Le souvenir de la cloche stygienne
Brûle sur les lèvres ainsi que le gel noir.

Novembre 1920.

La scène fantomatique luit à peine
Du chœur des ombres exténuées.
Et de l'appartement de Melpomène
Les croisées sont de soie obstruées.
Dehors, la neige incandescente crisse,
Des fiacres c'est le noir campement,
Les choses et les gens, tout se hérisse.
Il gèle dur, la pierre se fend.

Sans se hâter les domestiques trient
Les peaux d'ours entassées des pelisses.
Un papillon dans la foule surgit,
La rose dans la fourrure glisse.
La bigarrure des mouches à la mode,
Et du théâtre la légère touffeur.
Dans la rue des lampions clignotent,
Il s'échappe une lourde vapeur.

Les cochers n'en peuvent plus de crier,
La nuée est haletante et rauque.
Pourquoi, douce Eurydice, te soucier

De l'hiver chez nous si rigoureux ?
Combien plus que le chant de l'italien
Je chéris ma langue maternelle.
Mère des harpes des pays lointains,
Une source en secret bruit en elle.

L'âcre peau de mouton sent la fumée,
Dans la rue la congère noircit.
Du bienheureux, mélodieux apogée
Vers nous l'immortel printemps bondit.
Pour qu'à jamais retentisse l'aria
— Reviens dans les prairies verdoyantes.
Et l'hirondelle vivante s'abat
Sur la neige incandescente.

1920.

Voici que le ciboire comme un soleil d'or
Est suspendu dans l'air — suprême instant !
Seule la langue grecque doit ici retentir :
Prends dans ta main le monde comme une simple
    pomme !

De l'office divin le glorieux zénith,
La lumière en juillet sous la coupole circulaire
Pour qu'à pleine poitrine on aspire hors du temps
A l'herbage où du temps s'est arrêté le cours.

Et l'Eucharistie comme un éternel midi
Se prolonge, et chacun joue, communie et chante,
Et le vase divin sous le regard de tous
Ruisselle d'inépuisable allégresse.

A Pétersbourg nous nous retrouverons
Comme si le soleil y fût de nos mains inhumé,
Et pour la première fois nous dirons
Le mot bienheureux, le mot insensé.
Dans la nuit soviétique, noir velours,
Dans le velours du vide universel
Des femmes bienheureuses les chers yeux chantent
toujours,
S'épanouissent les fleurs immortelles.

Chat sauvage la capitale est à l'affût,
Une patrouille est immobile sur le pont,
Seul un moteur cruel dans la brume se rue,
Perçant d'un cri de coucou l'horizon.
Je n'ai pas besoin de laissez-passer,
Je n'ai pas peur des sentinelles,
Pour le mot bienheureux, pour le mot insensé,
Je m'en vais dans la nuit soviétique prier.

La rumeur du théâtre et des lèvres mi-closes
L'exclamation de surprise.

Un immense monceau d'impérissables roses
Fait ployer les bras de Cypris.
Allons près d'un brasier réchauffer notre ennui,
Il faudra des siècles peut-être attendre
Que les femmes heureuses de leurs doigts chéris
Recueillent l'impondérable cendre.

Des loges j'aperçois les étoffes froissées,
Je vois les rouges plates-bandes de l'orchestre,
Le mannequin mécanique de l'officier.
Est-ce pour l'âme torve et l'hypocrite abject...
De nos bougies, veux-tu, souffle la mèche,
Car dans le velours noir du vide universel,
Des femmes bienheureuses l'abrupte épaule chante,
Et tu ne verras pas le nocturne soleil.

25 novembre 1920.

Parce que je n'ai su garder dans les miennes tes mains,
Parce que j'ai trahi les lèvres tendres et salées,
J'irai dans l'Acropole somnolente attendre l'aube.
Comme je déteste l'antique et plaintive charpente !

Les Achéens dans la ténèbre apprêtent le cheval.
Solidement, les scies dentées s'enfoncent dans les murs
Et rien ne peut apaiser la sèche rumeur du sang.
Il n'y a pas de nom pour toi, ni de bruit, ni d'em-
    preinte.

Comment pouvais-je croire que tu reviendrais,
    comment ?
Pourquoi t'avoir quittée avant que l'heure soit venue,
Avant que pâlisse la nuit et que chante le coq,
Que la hache se plante incandescente dans le bois ?

La poix sourd des remparts comme une larme transpa-
    rente,
La ville a pressenti le bois de ses côtes ligneuses.

95

Le sang s'élance vers l'échelle et se rue à l'attaque.
Et trois fois les hommes ont rêvé l'image trompeuse.

Où est, douce Troie, la maison des filles et du roi ?
Hélas ! On va détruire de Priam le haut perchoir,
Et les flèches tombent comme une sèche pluie de bois,
Et d'autres flèches comme un coudrier sur la terre vont
   croître.

De l'ultime étoile s'éteint sans douleur la piqûre,
Le matin, grise hirondelle, se cogne à la croisée,
Et le jour lent, bœuf de son lit de paille s'éveillant,
Secoue le long sommeil parmi les places hérissées.

Décembre 1920.

Lorsque paraît la lune citadine sur les places
Et la ville assoupie s'en illumine lentement,
Et la nuit s'épaissit, pleine de cuivre et de mélancolie,
Et la cire mélodieuse au temps cruel,fait place ;

Et le coucou gémit au sommet de sa tour de pierre,
Et la blême moissonneuse, en ce monde sans souffle
  descendue,
Fait bruire doucement les énormes aiguilles d'ombres
Et répand la paille jaune sur le plancher de bois...

1920.

Dans la ronde des ombres froissant l'herbe tendre
J'entrai, disant le nom mélodieux.
Mais tout s'est dissipé, à peine puis-je entendre
D'un faible bruit le souvenir brumeux.

Ce nom, pensai-je, c'est le nom d'un séraphin.
J'eus peur d'abord de la forme légère,
Mais quelques jours encore et nous ne faisions qu'un.
J'étais comme dissous dans l'ombre chère.

Et le pommier de nouveau perd son fruit sauvage,
Et devant moi passe secrètement
L'image qui blasphème et se maudit, l'image
Nourrie des braises de la jalousie.

Et, cerceau d'or, accomplissant une autre volonté,
Le bonheur roule le long du chemin.
Et toi tu vas en quête d'un printemps léger,
Déchirant l'air d'un geste de la main.

Le sort en est jeté. Rien ne fera que s'ouvre
Pour nous le cercle ensorcelé.
De la terre virginale les collines souples
Reposent, serrées dans leurs langes.

1920.

J'aime sous les voûtes les silences argentés
Des Te Deum, le mouvement des requiem,
Et le rite touchant — nul n'y peut échapper —
L'office des morts à Saint-Isaac.

Et la démarche mesurée du prêtre,
La lente élévation du Saint Suaire,
Et dans la nasse ancienne l'obscurité de Génésareth
Enveloppant le Grand Carême.

La fumée biblique sur les autels fervents,
L'exclamation mélancolique du prêtre,
L'humble en gloire — chasubles effarouchées
Et neige pure sur les épaules.

Cathédrales éternelles de Sophie et de Pierre,
Granges du bien universel,
Réservoirs d'air et de lumière,
Silos du Nouveau Testament.

Non ce n'est pas vers vous qu'au temps des lourds
   désastres
Est attiré l'esprit. Ici, sur les larges degrés sinistres
Rampe la trace de loup du malheur.
Jusqu'à la fin des temps nous lui serons fidèles.

Vu que l'esclave est libre ayant vaincu la peur
Et que nous fut à profusion gardé
Dans les greniers ombreux et les coffres profonds
Le grain de la foi profonde et parfaite.

1921.

Poèmes

1921-1928

LE CONCERT DANS LA GARE

Impossible de respirer, et le firmament grouille de vers,
Et pas une étoile ne parle, mais Dieu m'entende,
Il y a la musique au-dessus de nous,
La gare frémit du chant des Aonides,
Et l'air des violons déchiré de sifflets
De locomotives, est à nouveau soudé.

L'immense parc. De la gare la sphère vitrée.
L'univers de métal est une fois encore envoûté.
Le wagon solennel démarre puis s'éloigne
Pour un bruyant festin vers l'Élysée brumeux.
Un cri rauque de paon. L'ivre grondement d'un piano —
Je suis venu trop tard. J'ai peur. C'est un songe.

J'entre dans la forêt de verre de la gare.
L'ordre des violons est en pleur et confus.
Voici du chœur nocturne l'ouverture sauvage,
Et le parfum des roses dans les serres pourrissantes
Où sous le ciel de verre dans les foule nomades
Une ombre aimée trouvait refuge pour la nuit.

Et je songe : comme il tremble misérablement,
L'univers de métal, tout entier dans la musique et l'écume.
Je m'adosse à l'entrée du vestibule de verre, les prunelles
Des archets sont collées par la vapeur brûlante.
Où t'en vas-tu ? Au banquet funèbre de l'ombre aimée.
Une dernière fois la musique aura pour nous retenti.

1921.

Je me lavais dehors en pleine nuit.
Le firmament brillait d'âpres étoiles.
La cuve refroidit, pleine à ras bords,
Et le rayon est comme du sel sur la hache.

A double tour on a fermé la grille.
La terre est rude en toute conscience.
On chercherait en vain plus pure trame
Que la vérité de la toile fraîche.

Dans la cuve l'étoile fond comme du sel
Et l'eau froide est de plus en plus noire,
Et plus pure la mort, plus âcre le malheur,
Et la terre plus cruelle et plus vraie.

1921.

Si l'hiver, c'est l'arak et le punch aux yeux bleus,
Pour d'autres c'est le vin parfumé de cannelle,
Et d'autres vont porter dans le gîte fumeux
L'âcre commandement des étoiles cruelles.

Un peu de la chaleur naïve des brebis,
D'une basse-cour un peu de fiente chaude.
Je donnerai tout pour la vie — ayez de moi souci,
Même l'allumette sulfureuse me réchauffe.

Regarde : je ne tiens dans la main qu'un pichet,
Mais un froissement d'astres flatte l'ouïe fragile.
Comment ne pas aimer sous cet humble duvet
Le jaune de l'herbe et la chaleur de l'argile ?

Remuer la paille, lisser la laine sans bruit,
Avoir faim, comme un pommier l'hiver sous la bâche,
Sans but et tendrement se tendre vers autrui,
Regarder dans le vide, attendre sans relâche.

Ah ! que les conjurés en troupeau de brebis
Se hâtent dans la neige et que grince le gel !
L'hiver — absinthe et âcre fumée — vers l'abri !
L'hiver — le sel épais des affronts solennels.

Au bout d'un long bâton suspendre le falot,
Partir avec un chien sous le sel des étoiles.
Offrir à la sibylle un coq au fond d'un pot.
La neige blanche, blanche mange les yeux à faire mal.

1922.

Ses lèvres molles, roses écumant de fatigue,
Le taureau creuse la vague verte avec fureur.
Il souffle, aimant plus que les rames les femmes —
Étrange est à la nuque le fardeau et grand le labeur.

Quelquefois bondit la roue d'un dauphin,
Ou c'est d'un oursin que pointent les épines.
Saisis-toi de tout, Europe aux tendres mains !
Où trouver joug plus adorable à l'échine ?

Europe entend le ressac, amèrement.
Elle voudrait glisser des rugueuses pentes,
L'eau grasse gonfle, puis ruisselle en torrent,
Et l'éclat huileux de la mer l'épouvante.

Elle aime bien mieux, quand grincent les taquets,
Le train des brebis, la barque aux hanches pleines,
Sous la proue — des poissons les souples reflets.
Et sans rame le rameur au loin l'entraîne.

1922.

LE SIÈCLE

Siècle mien, brute mienne, qui saura
Plonger les yeux dans tes prunelles
Et ressouder avec son sang
Les vertèbres des deux siècles ?
Torrentiel des choses terrestres
Le sang bâtisseur ruisselle,
Et sur le seuil des jours nouveaux
Le parasite en a tremblé.

Tant qu'elle vit, la créature
Doit porter jusqu'au bout l'échine.
L'épine dorsale invisible
Ondule au rythme de la vague.
Le siècle, terre-nouveau-né,
Est comme un tendre cartilage,
On offre encore en sacrifice
L'agneau — l'os crânien de la vie.

Pour délivrer l'âge captif,
Commencer un monde nouveau,
Que les degrés noueux des jours

Soient liés comme ceux de la flûte !
La vague ondule, c'est le siècle
Qui l'émeut d'une angoisse humaine.
Tapie dans l'herbe la vipère
Respire au rythme d'or du siècle.

Les bourgeons vont s'enfler encore,
Les jeunes pousses jailliront.
Hélas ! on t'a rompu l'échine,
Mon beau, mon pitoyable siècle.
Riant aux anges, tu regardes
Derrière toi, faible et cruel,
Comme un fauve, souple jadis,
Les traces de tes propres pattes.

1923.

CELUI QUI TROUVE UN FER A CHEVAL

Tournés vers la forêt, nous disons :
Voici la forêt des navires et des mâts,
Et les pins roses
Libres jusqu'à leur faîte de l'épineux fardeau.
A eux de grincer dans la tempête
Pins solitaires,
Dans l'air fou de colère, vierge de forêts ;
Sous le talon salé du vent, le fil rivé au pont dansant du
   navire gardera son aplomb.

Et le navigateur,
Dans sa soif effrénée d'espace,
Traînant dans de moites fondrières le fragile instru-
   ment du géomètre,
Compare à l'attraction de la matrice terrestre
La rugueuse surface des océans.

Et nous,
Humant le parfum des larmes résineuses qui suintent à
   travers le bordage du navire,
Admirant les planches

Clouées, ajustées en cloisons
— Ce n'est pas le paisible charpentier de Bethléem qui
les posa, mais un autre,
Le père des voyages, l'ami du marin —
Nous disons :

Ils furent eux aussi sur la terre
Incommode comme un dos d'âne,
Leur cime leur faisant oublier les racines,
Ils se dressaient sur la chaîne fameuse,
Bruissant sous l'averse d'eau douce,
Proposant vainement à la nue d'échanger leur noble
fardeau
Contre une pincée de sel.

Par où commencer ?
Tout craque et ploie.
L'air frémit de comparaisons,
Pas un mot ne vaut mieux que l'autre,
La terre gronde sous la métaphore,
Et de légères carrioles
Dans l'attelage criard d'envols d'oiseaux tendus sous
l'effort
Se brisent en éclats,
En voulant affronter les favoris piaffants de l'hippo-
drome.

Trois fois béni qui dans son chant sait mettre un nom,
Car le chant qui s'orne d'un titre
Vit plus longtemps parmi les autres chants,
Et le bandeau dont on ceignit son front le distingue
parmi ses compagnons,

Le guérit de la pâmoison, du parfum trop envoûtant,
Intimité de l'homme,
Parfum de la fourrure d'une bête robuste,
Ou simplement senteur de la sarriette frottée entre les
    paumes.
L'air est parfois sombre comme l'eau et toute chose
    vivante y nage comme un poisson,
De ses nageoires écartant la sphère,
Compacte, souple, à peine tiédie,
Cristal où les roues se meuvent, où regimbent les
    chevaux,
Humide tchernoziom chaque nuit de nouveau retourné
Par des fourches, des tridents, des pioches, des char-
    rues.
L'air est pétri aussi épais que la terre,
Il est impossible d'en sortir, difficile d'y pénétrer.
De son vert battoir un frisson parcourt les arbres ;
Les enfants jouent aux osselets avec les vertèbres d'ani-
    maux défunts.
La frêle chronologie de notre ère touche à son terme.
Merci pour ce qui a été :
Je me suis trompé, je me suis égaré, j'ai perdu le
    compte,
Et notre ère vibrait comme une sphère d'or,
Creuse, coulée, soutenue par personne,
Au moindre frôlement elle répondait : « oui » et
    « non »,
Comme un enfant répond :
« Je te donnerai une pomme » ou « je ne te donnerai
    pas de pomme »,
Et son visage est l'exacte moulure de la voix qui
    prononce ces mots.

Le son tinte encore, mais la cause du son a disparu.
Le cheval gît dans la poussière et s'ébroue dans
  l'écume,
Mais la courbe abrupte de son encolure
Garde encore le souvenir de la course avec les membres
  de toutes parts jetés,
Quand ils étaient bien plus de quatre,
Autant qu'il est de pierres sur la route,
De pierres quatre fois multipliées
Par la foulée de l'amblier frappant le sol, luisant de
  chaleur.

Ainsi,
Celui qui trouve un fer à cheval
En souffle la poussière,
Et le frotte avec un chiffon de laine jusqu'à ce qu'il
  brille,
Alors,
Il le suspend à la porte de la maison
Pour qu'il se repose,
Plus jamais il ne lui sera donné
D'arracher l'étincelle au silex.

Les lèvres de l'homme,
                    quand elles n'ont plus rien à dire,
Gardent la forme de la dernière parole prononcée.
Et dans la main il reste une sensation de pesanteur,
Bien que l'eau gicle
                  et que la cruche se soit à demi vidée
                          sur le chemin du retour.

Ce que je dis maintenant, ce n'est pas moi qui le dis,
Cela fut exhumé comme des graines de froment pé-
    trifié.
Certains sur les monnaies frappent l'effigie du lion,
D'autres

                    une tête ;
Toutes sortes de pièces de cuivre, d'or et de bronze,
Avec une égale majesté gisent dans la terre.
Le temps pour les ronger y imprima la marque de ses
    dents.
Le temps me coupe comme une pièce de monnaie
Et déjà il me manque une part de moi-même.

Moscou, 1923.

ODE A L'ARDOISE

L'étoile avec l'étoile — O ! la puissante éclisse !
Le siliceux chemin après l'ancien choral,
La langue d'air et de silex,
L'eau avec le silex, la bague et le fer à cheval,
Sur le tendre mica des nuées
Le dessin laiteux du crayon d'ardoise —
Non l'apprentissage des mondes
Mais le délire d'un mi-sommeil de brebis.

Nous dormons, debout dans l'épaisse nuit
Sous le chaud bonnet de mouton,
La source coule à rebours vers la roche
Avec un bruit de mots, et d'écume et de chaîne.
La mine laiteuse de plomb
Inscrit ici le geste et là-bas l'épouvante,
Ici mûrissent les brouillons
Des disciples des eaux courantes.

Voici les abruptes cités caprines.
L'accumulation puissante des silex.
Encore un étage pourtant —

Des brebis hameaux et chapelles
Par le vide catéchisés !
L'eau les instruit, le temps les affûte
Et la forêt transparente de l'air
Est depuis longtemps saturée de tous.

Pareil au frelon mort au pied des ruches
Le jour multicolore est balayé avec opprobre,
Ainsi la nuit, oiseau de proie, apporte
La craie brûlante et nourrit l'ardoise.
Ah ! de la plaque iconoclaste
Laver les empreintes du jour
Et faire, de la main comme un oiseau,
Tomber les visions déjà transparentes.

Et la vigne était mûre. Et le fruit blet.
Le jour faisait rage comme le jour fait rage.
Vint l'heure de la partie d'osselets,
Et la fourrure à midi des chiennes mauvaises.
Pareil aux gravats des hauteurs glacées
Le revers des images vertes —
L'eau qui coule, affamée,
Jouant et se tordant comme une jeune bête,

Et comme une araignée rampe vers moi
Où chaque éclisse luit, giclée de lune,
Et sur l'abîme frappé de stupeur
J'entends les crayons d'ardoise crier.
Sont-ce des voix tiennes, mémoire,
Brisant la nuit qui nous instruisent,
Jetant aux forêts les ardoises
arrachées au bec des oiseaux.

A la voix seule nous pourrons comprendre
Ce qui luttait, se débattait là-bas,
Et nous guiderons l'ardoise dure
Là où l'indiquera la voix.
Je brise la nuit, craie brûlante,
Pour le glyphe dur de l'instant,
Je croque le bruit pour le chant des flèches
Et l'ordre pour l'outarde coléreuse.

Qui suis-je, moi ? Ni le rude maçon,
Ni le charpentier, ni le bâtisseur de navires !
Je suis un hypocrite à l'âme double,
Frère de la nuit, précurseur du jour.
Heureux qui nomma le silex
Le disciple des eaux courantes.
Heureux qui sut d'un nœud ferme nouer
Le socle des monts sur la terre dure.

Et désormais, j'apprends l'éphéméride
Des stries du vol d'ardoise.
La langue d'air et de silex
Avec une couche de ténèbre, une couche de lumière,
Et je veux que mes doigts pétrissent
Le siliceux chemin après l'ancien choral,
Comme dans une plaie accoupler dans l'éclisse
L'eau avec le silex, la bague et le fer à cheval.

1923.

LE 1er JANVIER 1924

Qui posa ses lèvres sur le crâne martyrisé du temps,
Plus tard, avec une piété filiale,
Se souviendra comme le temps s'en fut dormir
Sous la fenêtre, dans les congères de froment.
Qui souleva du siècle les douloureuses paupières
(Deux grosses pommes sommeillantes)
Entend à tout jamais la clameur des rivières
Des temps sourds et trompeurs.

Deux sommeillantes pommes sont les yeux du siècle
    despote,
Sa bouche est d'argile et splendide.
Vers son fils vieillissant il s'incline en mourant,
Sur la main languide posant ses lèvres.
De jour en jour faiblit le souffle de la vie,
Encore un peu, ils feront taire
Jusqu'aux simples refrains des terrestres offenses,
Ils couleront dans les bouches du plomb.

Vie d'argile ! Siècle lent à mourir !
J'ai peur que celui-là seul te comprenne

Dont la lèvre à jamais porte l'amer sourire
De l'homme égaré de soi-même.
Quelle douleur ! Chercher le mot perdu,
Soulever les paupières douloureuses,
Avec du calcaire dans le sang, pour une tribu étrangère
Cueillir les herbes de la nuit.

Le siècle... Le calcaire dans le sang du fils malade
Durcit... Moscou dort comme un coffre de bois ;
Du siècle despote nul ne s'évade.
Et la neige sent la pomme, comme autrefois.
Je voudrais fuir, franchir le seuil.
Mais où aller ? Il fait noir dans les rues.
Comme si la chaussée était blanche de sel,
La conscience resplendit.

M'étant le long des cours, des nids et des toitures
Tant bien que mal acheminé,
Moi, l'humble passager, poisson vêtu de sa fourrure
Je me débats avec la bâche du traîneau.
Et des patins gelés le bruit de pomme crisse,
Une rue passe puis une autre,
L'étroite boutonnière glisse,
Résiste à mes mains maladroites.

De quelle brocante, de quelle ferraille
Dans les rues de Moscou la nuit d'hiver résonne —
Poisson mort qui retombe ou bien, cyprins d'argent,
Roses fumées chuintantes exhalées des buvettes.
Encore elle, Moscou. « Bonjour, dis-je, Moscou,
Sois indulgente. On ne peut plus rien faire,
Comme jadis, la corde au cou
S'accorde avec le gel à pierre fendre. »

La framboise de la pharmacie flambe sur la neige.
Une Underwood cliquette quelque part.
La nuque du cocher et un mètre de neige.
Que veux-tu donc ? On ne te touchera pas. On ne te
    tuera pas.
L'hiver est là splendide, le ciel caprin dans les étoiles
Déborde et brûle comme du lait,
Et la couverture grince, crin de cheval
Sonore, sur les patins gelés.

Les rues noires où fume la lampe à kérosène
Ont englouti framboise, neige et glace.
La sonatine soviétique s'y égrène
Au souvenir de l'année vingt.
Vais-je à la médisance infâme,
(Le gel comme avant sent la pomme)
Livrer le serment profond jusqu'aux larmes,
La splendide promesse faite au quatrième état[1].

Qui vas-tu tuer encore ? Qui vas-tu glorifier ?
Quel mensonge encore inventer ?
Oh ! Le cartilage de la machine ! Arrache donc les
    touches !
Il ne restera qu'une arête.
Le calcaire dans le sang du fils malade
Va se dissoudre et le rire bienheureux éclate.
De l'Underwood la simple sonatine
N'est que l'ombre d'autres, plus grandioses sonates.

1924.

1. Par référence au tiers état : le prolétariat.

Non, je ne fus jamais le contemporain de personne.
Je me soucie bien peu d'un tel honneur.
C'est un autre que moi qui comme moi se nomme
Et cet homonyme me fait horreur.

Deux yeux morts sont les yeux du siècle tyran,
Sa bouche est d'argile et splendide,
Vers son fils vieillissant, il s'incline en mourant,
De ses lèvres baisant la main languide.

Avec le siècle j'ai soulevé mes paupières douloureuses —
Le globe de ses grands yeux morts —
Et les rivières m'ont conté, tumultueuses,
Le cours passionné de nos humains discords.

Voici déjà cent ans un lit pliant fragile
Luisait de toute la blancheur de ses coussins
Où s'étirait étrangement le corps d'argile.
Du siècle la première ivresse prenait fin.

Parmi l'universelle et grinçante débâcle
Ce lit paraissait bien léger.
Eh bien ! Que voulez-vous, couchons avec le siècle
Puisqu'on ne peut d'autre couche forger !

Dans les chambres brûlantes, les campements et les
    échoppes,
Le siècle agonise et après
Sur l'écailleuse hostie deux sommeillantes pommes
Brillent du feu de leur duvet.

1924.

Éperdu j'irai dans le campement de la rue sombre,
A la poursuite d'une branche de merisier dans un fiacre
    noir à ressorts,
A la poursuite d'une cape de neige et du bruit éternel,
    le bruit du moulin.

Je ne me rappelle que l'extrémité des mèches châtaines,
Leur fumée d'amertume — non, leur saveur d'acide
    formique —
Il en reste sur les lèvres une sécheresse d'ambre.

Même l'air en de telles minutes me paraît châtain
Et les bagues des prunelles se vêtent d'un clair liséré,
Et aussi ce que je sais de la peau de pomme, de la peau
    rose..

Et pourtant les patins du traîneau grinçaient,
Les étoiles acérées guettaient par la trame de la bâche,
Et les sabots détachaient des notes claires sur les
    touches gelées.

Il n'est de lumière que dans le mensonge acéré des
    étoiles,
Et la vie passera comme l'écume de la cape de théâtre,
Et personne à qui l'on peut dire : « Loin du campe-
    ment de la rue sombre »...

                                                    1925.

Poèmes non publiés
1930-1934[1]

1. Ces textes n'ont pas été publiés du vivant de l'auteur, à l'exception de « L'Arménie », paru dans la revue *Novy Mir* en 1931, et de quelques poèmes.

L'ARMÉNIE

I.

Un taureau terrifiant avec trois couples d'ailes,
C'est l'idée qu'on se fait du travail par ici,
Et gonflées de sang vénéneux
Les roses d'avant l'hiver s'épanouissent.

II.

Tu berces la rose d'Hafiz,
Tu soignes les enfants, petits des bêtes,
Et tu respires par les épaules octogonales
D'églises rustiques au front de taureau.

Tu es toute colorée d'ocre rauque
Là-bas, au-delà des montagnes,
Mais ici à peine une image décalquée
D'une soucoupe mouillée d'eau.

III.

Tu voulais pour toi les couleurs
Mais d'un coup de patte le dessinateur lion
Dans la trousse s'est emparé
D'une demi-douzaine de crayons.

Terre des incendies de teintures
Et des plaines mortes de potiers,
Tu as subi parmi les pierres et les argiles
Les sardars à la barbe rousse.

Loin des ancres et des tridents
Où reposait un continent tari,
Tu as vu tous les hommes épris de vivre,
Tu as vu tous les maîtres épris de supplices.

Et sans que s'émeuve mon sang,
Des femmes cheminent sous mes yeux,
Simples comme un dessin d'enfant
Elles font présent de leur léonine beauté.

Que j'aime ta langue aux noirs présages,
Tes juvéniles sépultures
Où les lettres sont des tenailles de forgeron,
Où chaque mot est un crochet de fer.

IV.

Je ne vois plus rien, plus un son ne tinte à mon oreille,
De toutes ces couleurs, je ne me rappelle que le
    minium et l'ocre rauque,

Je ne sais pourquoi les matins d'Arménie m'apparais-
sent en songe,
Viens, me dis-je, viens voir en Erivan ce que devient la
mésange,

Viens voir le boulanger voûté jouer à colin-maillard
avec le pain,
Et sortir du four la dépouille des galettes humides sans
levain.

O ! Erivan ! Erivan ! Es-tu le croquis d'un oiseau
dessinateur,
Est-ce un lion qui t'a colorié comme un enfant avec sa
trousse de crayons de couleurs ?

O ! Erivan, Erivan ! Tu n'es pas une ville mais une noix
torréfiée,
Que j'aime de tes rues aux larges bouches les babylones
recourbées !

Cette vie sans queue ni tête je l'ai salie comme un
mollah son coran,
Mon temps je l'ai figé dans le gel et je n'ai pas versé le
sang brûlant.

O ! Erivan, Erivan ! Je ne demande plus rien,
Je ne veux pas, s'il est gelé, je ne veux pas de ton raisin !

21 oct. 1930.

133

V.

Ayant comme une rose humide enveloppé ta bouche,
Et tenant dans tes mains les cellules octogonales des
    ruches,
Pendant tout le matin des jours aux confins du monde
Tu te dressais, étouffant tes sanglots.

Et tu te détournais avec honte et douleur
Des villes barbues de l'Orient,
Et tu gis à présent sur ta couche de teintures
Et l'on arrache de ton visage le masque mortuaire.

25 oct. 1930.

VI.

Enroule un mouchoir autour de ta main et plonge ta
    main dans l'églantier porte-couronnes,
Au plus épais de ses épines de celluloïd,
Hardiment, jusqu'au craquement, plonge-la pour
    cueillir la rose, mais pour la cueillir sans ciseaux,
Et prends garde qu'elle ne s'effrite.
Rose souillure et mousseline, pétale de Salomon,

Fruit sauvage refusé pour le sorbet,
Car il ne donne essence ni parfum.

VII.

Des pierres hurlantes le royaume,
Arménie ! Arménie !
Montagnes rauques appelant aux armes,
Arménie ! Arménie !

Tu voles éternellement vers les trompettes d'argent de
    l'Asie,
Arménie, Arménie !
Et tu jettes à pleines poignées les monnaies perses du
    soleil,
Arménie, Arménie !

VIII.

Ce ne sont pas des ruines mais plutôt la coupe d'une
    épaisse forêt circulaire,
Pareilles à des ancres les souches des chênes abattus
    d'une chrétienté bestiale et fabuleuse,
Et sur les chapiteaux des rouleaux d'étoffes de pierre
    comme les marchandises d'une échoppe païenne mise
    à sac,
Des grains de raisin de la taille d'un œuf de pigeon, les
    circonvolutions des cornes de bélier,
Et des aigles hérissés aux ailes de hiboux d'avant la
    souillure de Byzance.

IX.

La neige est froide pour la rose :
   A Sévan il y a six pieds de neige,
   Le pêcheur des montagnes a sorti des traîneaux badi-
      geonnés d'azur,
   Des truites rassasiées les gueules moustachues
   Montent leur garde policière
   Sur le fond calcaire de l'eau.

Et à Erivan comme à Etchmiadziné
   Tout l'air est bu par l'immense montagne,
   Il faudrait un ocarina pour la séduire,
   A moins qu'on se contente d'un pipeau pour
      l'apprivoiser
   Et faire fondre la neige dans la bouche.

Neiges, neiges, neiges sur le papier de riz,
   La montagne flotte au-devant des lèvres.
   J'ai froid. Je suis heureux...

X.

Frappant le rouge granit des porphyres
Un cheval campagnard trébuche
Hésitant sur le socle chauve
De la pierre impériale et sonore.

Et derrière, avec des paniers de fromage,
Des Kurdes haletants se hâtent,
Se conciliant Dieu et le Diable
En promettant à chacun la moitié...

XI.

Quelle magnificence dans le village va-nu-pieds,
La musique crineuse de l'eau !
Qu'est-ce ? Une quenouille ? Un son ? Un avertisse-
    ment ?
Prends garde ! Le malheur n'est pas loin !
Et dans le labyrinthe de l'humide mélodie
Jacasse un brouillard tellement suffocant —
On dirait une ondine venue
En visite chez un horloger souterrain.

24 novembre 1930. Tiflis.

XII.

Je ne te verrai plus jamais,
Ciel myope de l'Arménie,
Je ne verrai plus, plissant les yeux,
La tente de nomade de l'Ararat,
Et dans la bibliothèque des auteurs potiers
Plus jamais je n'ouvrirai
Le livre vide de la terre splendide
Où s'instruisirent les premiers hommes.

XIII

Azur et argile, argile et azur,
Que te faut-il encore ? Plisse plutôt les yeux
Comme un vizir myope sur une bague turquoise,
Sur le livre des argiles sonores, sur la terre livresque,
Sur le livre putride, sur l'argile bien-aimée
Qui nous tourmente comme la musique et la parole.

16 sept.-5 nov. 1930, Tiflis.

LENINGRAD

Je suis revenu dans ma ville familière jusqu'aux
    sanglots,
Jusqu'aux ganglions de l'enfance, jusqu'aux nervures
    sous la peau.

Tu es de retour, avale donc d'un trait
L'huile de foie de morue des lanternes de Leningrad
    sur les quais !

Le petit jour de décembre, reconnais-le bien vite
Au jaune d'œuf dissous dans le goudron sinistre.

Pétersbourg ! je ne veux pas encore mourir :
De mes téléphones, tu as les numéros.

Pétersbourg ! J'ai les adresses d'autrefois
Où je reconnais les morts à leurs voix.

J'habite l'escalier de service et la sonnette
Arrachée avec la chair tinte dans ma tête.

Et toute la nuit jusqu'à l'aube j'attends les hôtes chers
Et les chaînettes de la porte cliquettent comme des fers.

Décembre 1930, Leningrad.

Pour les siècles futurs et pour leur gloire altière,
Pour l'altière tribu des hommes,
J'ai dû renoncer à ma coupe au festin de mes pères.
A ma joie et à mon honneur.

Sur mes épaules le siècle loup-garou s'élance,
Mais je ne suis pas un loup par le sang de mes veines.
Enfouis-moi plutôt comme une toque dans la manche
De la brûlante pelisse des steppes sibériennes.

Que je ne voie ni le poltron, ni la fange malléable,
Ni sur la roue les os ensanglantés,
Mais que toute la nuit brillent les renards bleus
Sous mon regard dans leur primitive beauté.

Mène-moi dans la nuit où coule l'Ienisséi,
Où le sapin porte jusqu'aux étoiles,
Car je ne suis pas un loup par mon sang
Et seule me tuera la main de mon égal.

17-28 mars 1931.

Les cils me brûlent. Une larme attache dans ma poi-
  trine.
Sans crainte je pressens l'orage, et je sais qu'il éclatera.
Je ne sais qui d'étrange me presse d'oublier je ne sais
  quoi.
On étouffe et pourtant on a jusqu'à la mort envie de
  vivre.

Ainsi, au premier son qui retentit, se soulevant de son
  bat-flanc,
Et regardant autour de lui d'un œil somnolent et fa-
  rouche,
Voici que le forçat chante la rugueuse chanson
A l'heure où le rayon de l'aube sur le bagne rougeoie.

Mars 1931, Moscou.

Non, je ne peux me cacher de l'énorme bêtise
Derrière l'échine de cocher de Moscou,
Je suis dans la foule la cerise du tram
D'un temps terrible, et je vis sans savoir pourquoi.

Nous allons prendre ensemble le A puis le B
Et on verra qui de nous mourra le plus vite.
Mais elle, elle est tantôt comme un petit moineau,
Tantôt comme un soufflé, toute gonflée de vent.

Dès qu'elle menace du fond de son repaire,
Toi, fais comme tu veux, je ne m'y risque pas,
Moi qui n'ai sous le gant pas assez de chaleur
Pour faire tout le tour de Moscou la putain.

Avril 1931.

A jamais souviens-toi de ma parole pour son goût de
  malheur et de fumée,
Pour la résine de la commune patience, pour le clair
  goudron du labeur.
C'est ainsi que dans les puits de Novgorod l'eau doit
  être noire et sucrée,
Pour que s'y reflètent à Noël les sept nageoires de
  l'étoile.

Et pour cela, mon père, mon ami, mon fruste compa-
  gnon,
Moi, frère méconnu, renégat dans la famille de mon
  peuple,
Je promets de construire un puits à la charpente si
  serrée
Que les Tatars pourraient y glisser les princes sur un
  seau.

Ah s'ils pouvaient m'aimer, ces échafauds d'autrefois
Comme on abat, visant à mort, des quilles dans un
  jardin,

Je suis prêt à passer toute ma vie dans une camisole de
  fer
Et j'irai comme au temps de Pierre chercher dans la
  forêt la hache du supplice !

3 mai 1931.

Je suis encore loin d'être un patriarche,
Je suis d'un âge encore assez peu respectable,
On m'injurie encore derrière mon dos
Dans la langue querelleuse des trams,
Où il n'y a ni rime ni raison :
Et ceci et cela ! Que voulez-vous ? Je présente des ex-
    cuses,
Mais au fond je ne change pas d'un iota...

Quand j'y songe ! Qu'est-ce qui me rattache au
    monde ?
Tu ne le croirais pas toi-même ! Des vétilles,
La clé du logement d'un autre pour la nuit,
Une pièce d'argent dans ma poche
Et le celluloïd d'une pellicule moucharde...

Comme un jeune chien je me jette sur le téléphone
Chaque fois que retentit l'hystérique sonnette,
Et une voix dit en polonais : « merci monsieur ».
C'est un reproche affable dans le grésillement de l'inter
Ou c'est une promesse jamais tenue.

146

Tu te dis à quoi pourrait-on prendre goût
Parmi les pétards et les fusées —
Ta colère va retomber et il ne va rester
Que la confusion et pas de travail,
Vas-y, demande-leur donc du feu !

Tantôt je souris, tantôt je me drape dans ma timide
    dignité
Et je sors avec une canne blonde,
J'écoute des sonates dans les ruelles,
A toutes les échoppes je me lèche les babines,
Je feuillette des livres sur le pavé gluant des portes
    cochères,
Ce n'est pas vivre et c'est quand même vivre...

J'irai parmi les moineaux et les reporters,
J'irai parmi les photographes ambulants,
Et au bout de cinq minutes avec une pelle dans un seau,
Je reviendrai chercher ma photographie
Sous le cône myosotis de la Colline-du-Shah.

Ou encore j'irai comme garçon de courses
Dans des caves étouffantes et moites
Où des Chinois honnêtes et propres saisissent
Au bout de leurs baguettes des boulettes de pâte,
Et jouent avec de longues cartes biseautées
En buvant de la vodka comme les hirondelles du Yang-
    tsé.

J'aime les promenades dans les trams grinçants
Et le caviar d'Astrakhan de l'asphalte

Recouvert d'une natte de paille
Qui rappelle la corbeille de l'Asti
Et les plumes d'autruche de la charpente
Au début de la construction des cités Lénine.

J'entre dans les bouges splendides des musées
Sous l'œil écarquillé d'immortels Rembrandts
Qui ont acquis le luisant des cuirs de Cordoue,
J'admire les mitres cornues du Titien
Et du Tintoret multicolore j'admire
Les mille perroquets tapageurs...

Comme je voudrais entrer dans le jeu,
Parler à cœur ouvert, dire la vérité,
Envoyer le cafard aux cent mille diables,
Prendre un passant par la main et lui dire :
Sois gentil, faisons route ensemble...

Juillet-septembre 1931, Moscou.

LAMARCK

Il était un vieillard comme un gamin timide,
Un patriarche craintif et maladroit...
Qui donc, pour l'honneur de la nature, a dégainé le
    fleuret ?
A coup sûr, le bouillant Lamarck.

Si tout ce qui vit n'est qu'un trait de plume
Sur un jour bref tombé en déshérence,
De l'échelle mobile de Lamarck
Je vais occuper le dernier degré.

Taillant mon chemin parmi lézards et serpents,
Je vais redescendre jusqu'aux annélides et jusqu'aux
    cirripèdes,
Franchir les passerelles souples, les cavités,
Rapetisser, puis comme Protée disparaître.

Je vais revêtir un manteau de corne,
Je vais renoncer au sang chaud,
Me couvrir de ventouses et plonger
Mon hélix dans l'écume de l'océan.

Nous avons parcouru les ordres des insectes
Aux yeux semblables à des verres à liqueur.
Il dit : la nature tout entière n'est que failles,
La vue n'existe pas : tu vois pour la dernière fois.

Il dit : c'en est assez de l'harmonie,
En vain chérissais-tu Mozart :
Voici venir la surdité de l'araignée.
L'hiatus est ici plus fort que nos forces.

Et la nature s'est détournée de nous,
Comme si nous lui étions inutiles,
Et elle a rengainé la moelle longitudinale,
Comme une épée dans un obscur fourreau.

Et elle a oublié d'abaisser
Le pont-levis pour ceux
Dont la tombe est verdoyante,
Somptueuse la respiration, le rire souple...

7-9 mai 1932.

MINUIT DANS MOSCOU

C'est minuit dans Moscou. Un superbe été bouddhi-
que.
Avec un martèlement léger les rues se dispersent dans
d'étroits escarpins de fer.

Les anneaux typhiques des boulevards se pâment de
bonheur.
Moscou même la nuit ne connaît le repos.
Quand la paix s'échappe sous les sabots,
On dirait que deux clowns, quelque part sur le champ
de tir,
Ont pris place — Bim et Bom —
Et peignes et maillets sont entrés dans la danse.
Tantôt c'est un harmonica, tantôt
C'est un piano aux dents de lait —
Do-ré-mi-fa
Et sol-fa-mi-ré-do...

Ah ! quand j'étais plus jeune j'enfilais
Mon imperméable en toile cirée
Et j'allais dans les vastes tentacules des boulevards

Où tambourinent les pattes d'allumettes d'une gitane
    en longue jupe,
Où l'ours aux arrêts se promène,
De la nature l'éternel menchevik...
Et j'aspirais jusqu'à la nausée la senteur des lauriers-
    cerises...
Où aller maintenant ? Il n'y a ni lauriers, ni cerises...

Je vais tirer le poids conique
De la pendule de cuisine à l'amble rapide.
Ce qu'il peut être revêche, le temps !
Mais j'aime à le saisir par la queue :
Car il n'est pas coupable de sa propre fuite,
Avec son air un peu trop rusé.

Ah non ! Il ne faut ni supplier, ni te plaindre ! Chut !
Ni geindre !
                    Est-ce pour cela que les roturiers
Ont battu leurs semelles craquelées, pour qu'à présent
    tu les trahisses ?

Nous mourrons comme des fantassins,
Mais nous n'exalterons ni la rapine, ni la corvée, ni le
    mensonge !

Il y a chez nous la toile d'araignée d'un vieux plaid
    d'Écosse,
Tu m'en recouvriras comme d'un drapeau quand je
    mourrai.
Buvons, compagnon, à l'orge de notre chagrin,
Buvons jusqu'à la dernière gorgée !...

Des cinémas fonctionnant à plein régime,
Assommées comme après une anesthésie,
Sortent les foules ! Comme elle sont vénéneuses
Et comme elles ont besoin d'oxygène !

Il est temps que vous le sachiez, je suis moi aussi un
    contemporain,
Je suis un homme de l'époque des Confections mosco-
    vites,
Regardez comme ma veste bâille,
Comme je sais marcher et parler !
Essayez donc de me séparer du siècle,
Je vous le garantis, vous vous casserez le cou !

Je parle avec l'époque mais a-t-elle
L'âme dure comme la corde et s'est-elle
Parmi nous ignominieusement acclimatée,
Comme dans un temple du Tibet une petite bête ridée,
Elle se gratte et hop ! dans la baignoire de zinc —
Fais-nous ton numéro, fille de Russie !

C'est peut-être humiliant, mais il faut le comprendre :
Il y a le stupre du labeur, nous l'avons dans le sang.

Déjà le jour se lève. Dans les jardins frémit le télégraphe
    vert.
Raphaël vient en visite chez Rembrandt.
Lui et Mozart, ils donneraient leur âme pour Moscou,
A cause des yeux bruns, de l'éphémère ivresse des
    moineaux.

Et l'on dirait un message pneumatique
Ou la gelée d'une méduse de la mer Noire
Que transportent de logis en logis
Les courants d'air sur leur tapis roulant,
Ainsi qu'au mois de mai des étudiants espiègles...

Mai-4 juin 1932.

BATIOUCHKOV[1]

Comme un fêtard, avec sa baguette magique,
Le tendre Batiouchkov est avec moi, vivant ;
Et il chemine dans les rues de Zamostié,
Il respire une rose et il chante Daphné.

Il me semble que je l'ai salué
Sans croire une seconde à la séparation,
Et j'ai serré, avec une fiévreuse envie,
La main froide dans le gant clair.

Il eut un sourire moqueur. J'ai dit « merci »
Et je n'ai pas trouvé dans mon trouble de mots :
Il n'y a chez personne ces zigzags des sons,
Et jamais, ce parler de la houle...

C'était notre souffrance, aussi notre richesse,
Qu'en son bégayement il venait nous offrir,
La rumeur de la poésie et la cloche de la fraternité,
Et des larmes l'harmonieuse averse.

1. Poète russe (1787-1855).

Et il me répondait, lui qui pleura le Tasse :
— Des célébrations je n'ai pas l'habitude ;
Et seule des poèmes la chair de raisin
M'a rafraîchi la langue par hasard.

Eh bien ! Lève des sourcils étonnés,
Toi, citadin, ami des citadins,
Verse d'un verre dans un autre verre,
Échantillons de sang, les songes éternels.

18 juin 1932, Moscou.

Aujourd'hui on pourrait faire des décalcomanies
En plongeant le petit doigt dans la Moskova
Du haut du Kremlin, ce brigand. Quel délice,
Ces pigeonniers pistaches. On voudrait
Y jeter des grains de millet ou d'avoine.
Quel est ce grand benêt ?
Ivan le Grand, le clocher poussé trop vite
Ici se dresse comme l'empoté des empotés
Depuis combien de siècles ! Il faudrait l'envoyer à
    l'étranger
Terminer ses études ! Impossible ! Il nous ferait
    honte !

La Moskova dans la fumée de quatre cheminées
Et devant nous toute la ville grande ouverte —
Les usines riveraines et les jardins
De la Zamoskvoretchié. N'est-ce pas ainsi
Qu'écartant le couvercle de palissandre
D'un immense piano de concert
On accède aux entrailles sonores ?
L'avez-vous vu, vous autres, gardes-blancs ?

Avez-vous entendu le piano de Moscou ? Glouglou-
 glouglou !

Ô temps, je crois bien que tu es hors la loi
Comme toute chose... Et moi pareil à l'enfant
Sur la trace des grands s'enfonçant dans l'eau ridée,
Je vais entrer dans l'avenir
Et je crois bien que je ne le verrai pas.

Déjà je ne peux du même pas que la jeunesse
Entrer sur les stades lignés.
Réveillé par la convocation d'un motocycliste,
Je ne peux, dès l'aurore, sauter du lit,
Même comme une ombre frêle je ne peux
Me glisser dans les palais de verre, ces châteaux de
 cartes.

De jour en jour j'ai plus de peine à respirer,
Et pourtant impossible d'attendre,
Seuls ont été créés pour la joie de la course
Le cœur de l'homme et le cœur du cheval...

Et le démon de Faust — sec et juvénile —
Une fois de plus pince les flancs du vieillard,
Et lui souffle de louer une yole à l'heure
Ou d'aller jusqu'aux monts des Moineaux
Ou de prendre le tram pour traverser Moscou...
Elle n'a pas le temps... Elle fait la nourrice aujourd'hui,
Elle se débat autour de quarante mille berceaux,
Elle est seule et tient à la main la quenouille.

Été 1932.

158

L'ARIOSTE

De toute l'Italie, le plus aimable et le plus vif,
Le séduisant Arioste a la voix un peu rauque,
Il se plaît à dresser le catalogue des poissons
Et il poivre tout l'océan des plus cruelles inepties.

Et comme un musicien frappant sur dix cymbales,
Interrompant sans cesse le fil du récit,
Il mène ici puis là, lui-même il ne sait où,
L'histoire compliquée des scandales de chevalerie.

Dans le langage des cigales, mélange envoûtant,
La tristesse de Pouchkine à l'orgueil méditerranéen se
    mêle,
Avec Roland il s'encanaille et s'enferre dans ses
    mensonges,
Et d'un frisson, tout entier se métamorphose.

Et à la vague il dit : « frémis, mais sans pensées ».
A la vierge au rocher : « reste étendue sans voile »...
Raconte encore. Nous ne pourrons nous repaître de
    toi,

Tant que sera dans les veines le sang, dans l'oreille le
  bruit...

Ô ville des lézards, où il n'y a pas d'âme[1] !
D'un juge et d'une sorcière, Ferrare la ville au cœur sec
Enfantait de tels fils et les mettait aux fers,
Et le soleil de la rousse raison s'est levé sur une contrée
  perdue.

Il fait froid en Europe et sombre en Italie.
Le pouvoir est répugnant comme les mains d'un
  barbier.
Mais lui, de mieux en mieux, de plus en plus rusé,
Il fait le grand seigneur et il sourit par la fenêtre ou-
  verte

A l'agneau sur la montagne, au moine sur son âne,
Et aux soldats du duc qui doucement délirent
A cause du vin bu, de la peste et de l'ail,
Et il sourit à l'enfant assoupi sous une voilette de
  mouches bleues.

Et j'aime son frénétique babillage,
Cette langue insensée, cette langue à la suave saveur
  salée,
Et des sons de connivence les doublets envoûtants,
Et je crains d'ouvrir au couteau la perle du bivalve.

1. Ce vers et les deux suivants sont empruntés à une deuxième
version du poème, écrite à Voronèje en 1936.

Aimable Arioste, un siècle passera peut-être,
Et en un seul azur immense et fraternel
Nous confondrons ton azur et notre mer Noire.
Nous fûmes là-bas, nous aussi. Nous aussi nous y
  bûmes le miel.

4-6 mai 1933, Stary Krym.

Ne cède pas à la tentation des dialectes étrangers,
efforce-toi plutôt de les oublier !
Tes dents, de toute façon, ne pourront mordre dans le
verre !

Car le corps agonisant et l'immortelle bouche pen-
sante,
Une dernière fois avant la séparation le nom étranger
ne pourra les sauver.

O ! Ce qu'il faut de souffrance pour accéder à l'hon-
neur de l'étrange glatissement,
Pour les extases interdites une amère récompense nous
guette.

Suppose qu'Arioste et le Tasse dont nous sommes
envoûtés
Soient des monstres à la cervelle d'azur et aux écailles
d'yeux humides !

Et pour te châtier de ton orgueil, incorrigible amant
    des sonorités,
On tendra l'éponge imbibée de vinaigre à tes lèvres
    traîtresses.

Stary Krym, mai 1933.

Le printemps froid... Stary Krym affamé
Comme au temps de Wrangel, et tout aussi coupable !
Les loques rapiécées et les chiens-loups qui rôdent,
Et la même grisâtre et piquante fumée.

Les lointains sont toujours aussi beaux, aussi clairs.
Avec leurs bourgeons à peine éclatés, les arbres
Sont comme des intrus, et qu'il est pitoyable,
L'amandier paré de la sottise d'hier !

La nature ne reconnaît pas son propre visage :
Terribles sont les ombres — l'Ukraine, le Kouban...
En chaussons de feutre, des paysans affamés
Contemplent la grille sans toucher à l'anneau.

Stary Krym, mai 1933.

Le logement se tait comme le papier,
Il est vide sans le moindre ornement,
J'entends l'humidité qui suinte
Dans les tuyaux des radiateurs.

Tout notre bien dans un ordre parfait,
Figé comme un crapaud le téléphone.
Bien qu'elles en aient vu d'autres nos affaires
Supplient qu'on les laisse échapper.

Et les murs maudits sont tellement minces,
Dire qu'on ne peut aller ailleurs !
Et il faut, comme un pantin, que je joue
Sur les dents du peigne pour n'importe qui...

Plus insolent qu'une cellule de komsomols,
Plus insolent que le chant des universités,
Qu'à des bourreaux assis sur les bancs de l'école
J'apprenne à gazouiller.

Je lis des livres rationnés,
J'habitue mon oreille à la langue de bois,
D'une menaçante berceuse
Je berce l'enfant du koulak.

N'importe quel barbouilleur
Au kolkhoze peignant le lin
Et mélangeant l'encre et le sang
Est digne de ce pilori.

N'importe quel bon délateur
Passé aux purges comme le sel,
Ayant à charge enfants et femme,
Écrase ces insectes-là.

Ici, il y a tant de déchirante cruauté
Dans la moindre allusion,
Comme si l'on avait pour enfoncer les clous,
Pris le marteau de Nekrassov[1].

Eh bien ! Comme sur l'échafaud,
A soixante-dix ans passés, recommençons !
Il est temps de secouer tes sabots,
Toi vieillard et souillon !

Et ce n'est pas la source d'Hippocrène
Qui va jaillir entre les murs postiches,
Mais goutte à goutte la peur ancienne
En plein Moscou dans le cruel logis.

Moscou, novembre 1933.

1. Poète russe de tendance « populiste ».

HUITAINS

I.

J'aime voir apparaître la trame quand, après deux ou
trois hésitations du souffle, quatre peut-être, vient le
soupir qui remet le corps droit. Ainsi, dessinant des
formes ouvertes avec les voiliers rangés en croissant,
l'espace joue dans un demi-sommeil, enfant qui n'a pas
connu le berceau.

II.

J'aime voir apparaître la trame quand, après deux
ou trois hésitations du souffle, quatre peut-être, vient le
soupir qui remet le corps droit, et quel bien-être, quelle
pesanteur, quand approche l'instant, et que la corde de
l'arc tinte soudain dans mes balbutiements !

III.

Quand, l'esquisse anéantie, tu gardes en ta pensée,
amoureusement, la période allégée de ses détours, d'un

167

seul tenant dans la pénombre intérieure, et qu'elle tient sur elle-même, l'œil plissé, sans autre appui que sa propre gravitation, elle est par rapport au papier ce qu'est la coupole à l'espace.

IV.

Toi qui fais le levé du désert, dis-moi, géomètre des sables, si la toute-puissante fragilité des lignes est plus forte que le souffle du vent — et peu m'importent les frissons de ses angoisses juives — s'il modèle l'expérience à son balbutiement, c'est son balbutiement qu'il boit en elle.

V.

Ô papillon, comme une musulmane, tout entière en ce linceul fendu, pleine de mort, pleine de vie ! Ce qu'il est grand ! On dirait qu'il va mordre avec ses longues moustaches, enfoui jusqu'à la tête dans le burnous. Replie tes ailes, j'ai peur de toi, linceul flottant comme un drapeau.

VI.

La patte dentée de l'érable se baigne dans les anses arrondies. Du dessin des ailes des papillons on fait des motifs de papier peint. Il est des mosquées vivantes : à l'instant, j'ai deviné — peut-être sommes-nous une Sainte-Sophie avec une innombrable multitude d'yeux.

Et Schubert sur l'eau, et Mozart dans le vacarme des oiseaux, et Goethe sifflant sur le sentier sinueux, et Hamlet, ses pas craintifs tenant lieu de pensée, prenaient le pouls de la foule, avaient confiance dans la foule. Le murmure, peut-être, a pris naissance avant les lèvres, et les feuilles tournoyaient sans qu'il y eût d'arbres, et ceux à qui nous dédions l'expérience avant l'expérience avaient acquis leurs traits.

VIII.

Nous buvons les spectres des causes dans des coupes pestilentielles, effilées, nous touchons, avec des crochets, des grandeurs petites comme une mort facile. Et quand s'accrochent les figurines des jonchets, l'enfant regarde en se taisant. Un univers immense sommeille dans le berceau au pied d'une petite éternité.

IX.

Et, sortant de l'espace, j'entre dans le jardin en friche des grandeurs et j'arrache la permanence trompeuse, la belle assurance des causes. Infini, je lis seul ton manuel, sans personne, l'herbier sauvage et nu, le recueil de problèmes des géantes racines.

Ayant surmonté la croûte du savoir, l'œil dur et bleu
pénètre la loi de la nature. Les roches sont comme des
fols en Christ dans l'écorce terrestre, une plainte,
comme le minerai, s'arrache à la poitrine. Et l'enfant,
infirme et sourd, se tend, comme une route en épingle,
pour comprendre l'espace et sa profusion, la promesse
des pétales et de la coupole.

XI.

L'appendice minuscule du sixième sens, ou l'œil
sincipital du lézard, les cloîtres de l'escargot et du bival-
ve, le chuchotis des cils luisants, l'inaccessible est là, si
proche ! On ne peut ni trancher, ni regarder, c'est
comme une lettre qu'on vous glisse en secret : il faut
tout de suite y répondre.

1932-1935.

DISTIQUES SUR STALINE[1]

Nous vivons sans sentir sous nos pieds de pays,
Et l'on ne parle plus que dans un chuchotis,

Si jamais l'on rencontre l'ombre d'un bavard
On parle du Kremlin et du fier montagnard.

Il a les doigts épais et gras comme des vers
Et des mots d'un quintal précis comme des fers.

Quand sa moustache rit, on dirait des cafards,
Ses grosses bottes sont pareilles à des phares.

Les chefs grouillent autour de lui — la nuque frêle.
Lui, parmi ces nabots, se joue de tant de zèle.

L'un siffle, un autre miaule, un autre encore geint —
Lui seul pointe l'index, lui seul tape du poing.

1. *Note du traducteur :* Titre ajouté par le traducteur.
Lu à quelques personnes, ce poème fut la cause immédiate de la
première arrestation de Mandelstam en 1934.

Il forge des chaînes, décret après décret...
Dans les yeux, dans le front, le ventre et le portrait.

De tout supplice sa lippe se régale.
Le Géorgien a le torse martial.

Novembre 1933.

A la mémoire d'André Biély.

L'os lumineux du front et l'œil bleu clair —
L'univers t'envoûtait de sa toujours rajeunissante
  colère.

Et à cause du prodigieux pouvoir dont on t'avait doué
On s'était enjoint de ne jamais te maudire ou te juger.

On t'avait coiffé de la tiare — le bonnet de l'innocent —
Maître turquoise, tourmenteur, pauvre d'esprit, tyran.

Comme la neige sur Moscou le grèbe a fait un beau
  gâchis,
Léger, brouillé, inarticulé, incompréhensible, compris,

Rassembleur d'espace, oisillon reçu à ses examens,
Compositeur, chardonneret, étudiant, sonnailles,
  lycéen...

Patineur et premier-né, pris au collet par le siècle et jeté
Sous la poussière de gel des désinences réinventées.

173

C'est chant bien souvent qu'il faut lire et l'on écrit
   supplice.
Est-ce un mal vulnérable à la mort, la simplicité ?

La rectitude de la pensée n'est pas seulement un épou-
   vantail d'enfant.
Ce ne sont pas les rames de papier mais les messages
   qui sauvent les gens.

Comme les libellules, sans deviner l'eau, se posent sur
   les joncs,
Ainsi s'abattent sur le mort les mines grasses des
   crayons.

Ils tenaient les feuilles sur leurs genoux pour une
   illustre descendance.
Ils dessinaient, de chaque trait du visage implorant la
   clémence.

Entre toi et le pays un lien de glace s'établit.
Eh bien ! repose, redresse-toi interminablement,
   repose et rajeunis !

Car ils ne viendront pas te demander ces jeunes gens,
   ces hommes de demain,
Comment tu te sens là-bas, dans la pureté, dans le vide,
   parmi les orphelins !

10 janvier 1934, Moscou.

LE 10 JANVIER 1934

Il y a deux ou trois phrases fortuites qui m'obsèdent.
Je ne cesse d'affirmer : grasse est ma tristesse,
Mon Dieu ! comme elles sont noires et comme elles ont
  les yeux bleus,
Les libellules de la mort, comme l'azur est noir !

Où sont le droit d'aînesse et l'heureuse manière ?
Où est au fond de l'œil le vol glissant de l'épervier ?
Où sont la courtoisie, la dérobade amère ?
Où est la droiture ? Où est la rectitude

Des paroles enchevêtrées comme de vrais zigzags
En flamme bleue sur les traces du patineur,
Et le duvet de fer tourbillonne dans l'appel d'air glacé,
Trinquant avec la dure surface bleue du fleuve ?

Les solutions des sels les plus complexes,
Les voix des penseurs allemands,
Des premiers esprits de Russie les joutes somptueuses
Lui faisaient vivre un demi-siècle en une demi-heure.

175

Et la musique tout à coup sortit de l'embuscade,
Non plus comme un rapace s'élevant sous l'archet,
Ni pour l'oreille ou la béatitude,
Mais pour les muscles, pour les tempes palpitantes.

S'élevant pour le masque tendre, à l'instant dépouillé,
Pour les doigts de plâtre qui ne tiennent pas la plume,
Pour les lèvres agrandies, pour la caresse fortifiée
Du repos à l'épais granulat et du bien.

La fourrure des pelisses respirait. On se pressait épaule
   contre épaule,
Le cinabre de la santé bouillonnait — sueur et sang —
Le songe dans l'enveloppe du songe au-dedans de
   laquelle
On rêvait de faire un demi-pas en avant.

Et parmi la foule il y avait un graveur
Qui s'apprêtait à transposer sur du cuivre véritable
Ce qu'à la feuille noircie le dessinateur
N'avait pu transmettre qu'en lésinant.

Comme si c'était moi suspendu à mes propres cils,
Et qu'avant de lâcher j'incarne sur mes traits,
Mûrissant tout entier, m'étirant tout entier,
La seule chose que l'on sache désormais.

Janvier 1934.

(Variante)

A Favorski.

Et le graveur était déjà parmi la foule,
Songeur, barbu, ami des plaques résineuses de cuivre
Que l'oxyde trois fois cruel baigne d'oblique lumière,
Et sous la cire resplendit le poli de la vérité.

Comme si c'était moi, suspendu à mes propres cils,
Dans l'air peuplé, comme d'innombrables ailes, des
   peintures
De ces maîtres qui ont planté dans les visages
L'ordre du regard et le rite de la multitude.

Janvier 1934, Moscou.

(Variante)

A André Biély.

Quand à l'âme peureuse et prompte
Se révèle la profondeur des événements,
Elle accourt au long de la sente sinueuse
Sans voir distinctement le sentier de la mort.

Il s'effarouchait, dit-on, de l'agonie,
Il éprouvait la belle timidité du novice
Ou de la note inaugurale d'un somptueux concert
Quand le son dans l'horizontale forêt des archets

Par le dedans s'élève, puis vers l'amont, flânant encore,
   mesurant
Sa longueur à l'aune du lin, à l'aune de la fibre,
Coulant comme la résine, sans y croire soi-même,
A partir de rien, d'un fil, de la ténèbre,

S'élevant pour le masque tendre à l'instant dépouillé,
Pour les doigts de plâtre qui ne tiennent pas la plume,
Pour les lèvres agrandies, pour la caresse fortifiée
Du repos à l'épais granulat et du bien.

Janvier 1934, Moscou.

Tes frêles épaules rougiront sous les fouets,
Rougiront sous les fouets, brûleront dans le gel.

Tes mains d'enfant soulèveront des fers,
Soulèveront des fers et tresseront des cordes.

Tes tendres pieds iront nus sur du verre,
Iront nus sur du verre dans le sable sanglant.

Et moi je brûlerai pour toi comme un cierge noir,
Comme un cierge noir, et il me sera défendu de prier.

1934.

Cahiers de Voronèje

1935-1937

LE TCHERNOZIOM

Trop vénérée, trop noire, de soins toute gâtée,
Toute en garrots velus, toute d'air et d'égards,
S'effritant tout entière et formant un choral,
Mottes humides de ma terre et de ma liberté !

Dans les premiers labours, noire jusqu'à l'indigo,
Et le travail désarmé prend en elle naissance :
Collines par milliers dans les labours des mots
Comme s'il existait un cercle sans circonférence.

Terre pourtant, tête de hache, égarement —
Même à qui se jette à ses pieds, toujours rebelle,
Flûte qui rabote l'oreille en son pourrissement,
Clarinette matinale figeant l'ouïe sous le gel.

Et comme elle se tait, la terre retournée en avril,
Et comme elle est grasse sur le soc, et jouissance !
Eh bien ! je te salue, Tchernoziom aux grands yeux, sol
    viril,
Noir langage en labeur du silence !

Avril 1935, Voronèje.

183

Bien que déjà mort deux fois, je dois vivre,
Malgré les pluies dont la ville délire.

Comme elle est gaie, et joufflue et gracieuse,
Réjouissante pour le soc la couche grasse,

Et comme la steppe au tournant d'avril se tait,
Et le ciel, le ciel, ton Buonarroti !

*

Oui, je gis dans la terre et je remue les lèvres
Mais les enfants sauront par cœur ce que je dis :

Place Rouge plus ronde qu'ailleurs est la terre
Et sa pente volontaire s'affermit,

Place Rouge la terre est la plus ronde sphère
Et sa pente est libre, libre à l'envi,

Elle descend à reculons vers les rizières
Tant qu'un seul homme est sur terre asservi.

Mai 1935, Voronèje.

LA KAMA

I.

Sur la Kama comme il fait sombre à l'heure où
Les villes sur leurs genoux de chêne sont debout.

Et barbe contre barbe — en toiles d'araignée travestis —
Les sapins se ruent sur le fleuve, incandescents et ra-
  jeunis.

L'eau pesait sur cent quatre rames, déferlant
En amont, en aval vers Tcherdyne et Kazan.

Moi, le rideau baissé, j'ai remonté le fleuve,
Oui, le rideau baissé, avec la tête en feu.

Et ma femme avec moi n'a dormi de cinq nuits,
De cinq nuits n'a dormi, a les gardes conduit.

(Variante)

Sur la Kama comme il fait sombre à l'heure où
Les villes sur leurs genoux de chêne sont debout.

Et barbe contre barbe, en toiles d'araignée travestis,
Les sapins se ruent sur le fleuve, incandescents et ra-
      jeunis.

Le flot chargeait cent quatre rames, déferlant
En amont vers Tcherdyne, en aval vers Kazan.

Vaste comme une foule noire, comme un sous-bois
      écobuée,
Des rondins-mitrailleuses s'envole la nuée.

Sur le Tobol on crie : « l'Obi sur le radeau ! »
A l'horizon se dresse toute une verste d'eau.

III.

M'éloignant vers les conifères de l'orient, je regardais.
La Kama en crue sur la bouée déferlait.

On voudrait garder la montagne et le brasier,
Les yeux n'ont pas le temps d'y planter des forêts.

On voudrait s'installer dans l'Oural, à l'instant,
Dans l'Oural millénaire et peuplé d'habitants.

On voudrait préserver cette surface lisse
A la folie — et la sauver sous les longs plis de la pelisse.

Voronèje, mai 1935.

STANCES

I.

Je ne veux pas parmi des jeunes gens de serre
Échanger le dernier centime de l'âme.
Mais comme un paysan entre au kolkhoze
J'entre à chaque pas dans l'univers
Où les hommes et les femmes sont toute bonté.

II.

J'aime la capote militaire (modèle de l'armée rouge),
Longueur : jusqu'aux talons, manches : simples et
    lisses,
Et sa coupe l'apparente au nuage de la Volga.
Pour qu'elle gonfle sur la poitrine et dans le dos
Et qu'il y ait de l'ampleur, on n'a pas prévu d'ourlet,
Et aussi pour qu'on la roule pendant les mois d'été.

III.

Une maudite couture, inepte invention,
Nous a séparés. Et maintenant, comprenez-moi,
Il faut que je vive, respirant et bolchevisant,
Embellissant avant la mort,
Il faut que je séjourne et que je joue parmi les hommes.

IV.

Tu te souviens comme à Tcherdyne, la ville-tourterelle,
Où l'Obi sent bon le fleuve et le Tobol s'ouvre en
    entonnoir,
Je me suis débattu dans un capharnaüm de sept pouces,
Sans prendre garde aux rixes des boucs médisants,
Comme un jeune coq dans la ténèbre transparente de
    l'été,
La bouffe et les crachats et quoi d'autre et les men-
    songes,
J'ai rejeté de mes épaules les coups de bec du pic-vert,
Un saut dans le vide — et je retrouve la raison.

V.

Et toi, Moscou, ma sœur, si légère
Quand tu viens accueillir un frère à sa descente d'avion,
Avant que tinte la cloche du premier tram,
Tu es plus tendre que la mer, plus embrouillée qu'une
    salade
De bois, de verre et de lait.

II.

VI

Mon pays discutait avec moi,
Me traitait avec indulgence, fronçait les sourcils, ne me
    lisait pas,
Mais quand, témoin oculaire, j'ai pris des forces,
Son œil s'est posé sur moi et soudain, comme le verre
    d'une lentille,
Il m'a transpercé du rayon ténu de l'Amirauté.

VII.

Il faut que je vive, respirant et bolchevisant,
Que je travaille la parole, sans obéir, multiplié par
    deux,
J'entends le crépitement des machines soviétiques dans
    le cercle polaire,
Je me souviens de tout, de la nuque des frères alle-
    mands,
Et que le peigne lilas de Lorelei
Peuplait les loisirs du jardinier et du bourreau.

VIII.

Et je ne suis ni cassé, ni volé,
Mais seulement démesuré — déboussolé,

Mes cordes sont tendues comme la Chanson d'Igor,
Et dans ma voix, après l'asphyxie,
Résonne la terre, ma dernière arme,
La sèche moiteur des hectares de terre noire.

Mai-juin 1935, Voronèje.

Le jour était interminable, à cinq têtes. Sans répit,
  pendant cinq fois vingt-quatre heures,
Recroquevillé, je m'étais enorgueilli de l'espace, de le
  voir pousser sur de la levure,
Le sommeil était plus ancien que l'ouïe, et l'ouïe était
  plus ancienne que le sommeil, fine et compacte,
Et les grand-routes nous suivaient à la trace, tirant sur
  la bride des cochers.

Le jour était interminable, à cinq têtes. Stupéfiée par la
  danse,
La cavalerie chevauchait, venait ensuite des fantassins la
  masse au faîte noir,
Par la dilatation de l'aorte de la puissance dans les nuits
  blanches, non, dans les couteaux,
L'œil était métamorphosé en viande de conifère.

Donnez-moi pour un pouce de mer bleue, seulement
  pour un œil d'aiguille de mer bleue,
Que le double du temps d'escorte passe comme une
  voile bienheureuse !

Ô ! la geste russe avec le pain dur, et sans boire ! Et la
   cuiller de bois !
Vous autres, où êtes-vous, les trois braves gars du
   portail de fer du Guépéou !

Pour que le bon produit de Pouchkine ne tombe pas
   entre les mains de fainéants,
Une tribu de pouchkinistes avec revolver et vareuse fait
   ses classes,
Les jeunes amateurs de poésies aux dents blanches, les
   voici !
Donnez-moi pour un pouce de mer bleue, seulement
   pour un œil d'aiguille de mer bleue.

Le train roulait vers l'Oural. Un Tchapaïev parlant
Bondissait de l'image dans nos bouches étonnées,
Derrière une clôture de planches, sur une bande de
   drap,
Mourir et puis sauter sur son cheval.

Juin 1935, Voronèje.

Des monticules de têtes humaines s'étendent au loin,
Et moi, là-bas, je deviens si petit que j'échappe aux
    regards,
Mais dans les livres souriants, dans les jeux des enfants,
Je vais ressusciter pour dire que le soleil brille.

1936-1937 ?

Que faire de l'accablement des plaines,
De la faim lancinante de leur miracle ?
Car ce qui nous paraît en elles immensité,
Nous le voyons de nos yeux, nous assoupissant, et nous
   le contemplons,
Et la question ne cesse de grandir :
Où vont-elles ? Et d'où viennent-elles ? Et dirait-on
   pas
Que rampe lentement sur leur étendue
Celui dont nous crions le nom dans notre sommeil :
Des peuples futurs le Judas.

16 janvier 1937, Voronèje.

Ô ! cet espace lent ! Cet espace suffocant !
J'en suis repu jusqu'au malaise.
L'horizon reprend souffle et s'ouvre béant,
Que n'ai-je un bandeau sur les yeux !

Je supporterais mieux les sables et les schistes,
Sur la Kama aux bords en dents de scie.
Je la retiendrais par son bras craintif,
Par ses fosses, ses rives, ses méandres aussi.

Comme on s'entendrait bien — un siècle ou un instant —
Et jaloux des chutes limoneuses
J'écouterais sous l'écorce des bois flottants
Croître les bagues fibreuses.

16 janvier 1937, Voronèje.

Pas de comparaisons : le vivant est incomparable.
Avec quelle tendre épouvante j'ai accepté
L'uniformité des plaines toujours semblable,
Le cercle du ciel devint mon infirmité.

Mais ce fut l'air, l'air-serviteur, que j'invoquai,
J'attendais de lui messages et dévouement,
Puis je me mis en route et naviguai sur l'arc
Des voyages qui n'ont pas de commencement.

J'irai, en vagabond, où me fut donné
Plus de ciel, et la claire angoisse m'accompagne
Sur les coteaux jeunes encore de Voronèje,
Loin de ceux plus humains et plus clairs de Toscane.

18 janvier 1937, Voronèje.

Non je ne suis pas mort, je ne suis pas seul,
Tant qu'avec ma compagne-mendiante
Je savoure l'immensité des plaines,
Et la brume, et la faim, et la tempête.

Dans la splendide pauvreté, dans la somptueuse misère,
Je vis seul, satisfait et serein,
Ces jours et ces nuits sont bénis
Et le travail mélodieux est innocent.

Malheureux celui qu'un aboiement épouvante
Comme son ombre et que fauche le vent,
Misérable celui qui à demi vivant
Demande à son ombre la charité.

Janvier 1937, Voronèje.

Où est le gémissement cloué, enchaîné ?
Où est Prométhée — du roc le secours, l'étançon ?
Et où est le vautour, et la course à l'œil jaune
De ses griffes volant au ras du front ?

Impossible ! Les tragédies on ne peut les refaire !
Et pourtant cette lippe crochue,
Cette bouche offensive évoque dans la chair
Eschyle-débardeur, Sophocle-bûcheron !

Il est l'écho et l'accueil, plutôt le jalon que le soc.
Le théâtre d'air et de pierre des temps qui se préparent
S'est mis debout et tous et chacun veulent voir tous et
    chacun —
Ceux qui sont au monde et les mortels et ceux qui n'ont
    pas de mort.

19 janvier-14 février 1937, Voronèje.

J'entends, j'entends la jeune glace
Sous les ponts bruire de frissons,
Je me souviens des houblons clairs
Qui flottent au-dessus des têtes.

Du haut des escaliers sans cœur,
Des places aux palais anguleux
Quand il sentait sa lèvre lasse
Alighieri chantait bien mieux
Le cercle chéri de Florence...

Cet autre granit granuleux
Mon ombre le ronge des yeux,
Elle voit la nuit des billots
Qui le jour semblaient des maisons.

Ou mon ombre bat le pavé,
Fait du scandale, bâille un peu,
Court chez les gens se réchauffer
Près de leur ciel et de leur vin.

Et mon ombre nourrit de pain
Amer les cygnes importuns...

21-22 janvier 1937, Voronèje.

J'aime l'haleine quand il gèle,
L'hiver l'aveu léger de la buée :
Ici le je, et là-bas le réel.

Un gamin aux pommettes rouges
S'est élancé comme un nageur,
Seigneur et tyran de sa luge.

Et moi, me querellant avec le monde, avec la liberté,
Je cède à la contagion du traîneau
Dans les franges, les clous argentés,

Et plus léger que l'écureuil je tomberais pendant un
    siècle,
Plus léger que l'écureuil au bord moelleux du ruisseau,
Mes jambes, mes bottes me cachant la courbe du ciel !

Voronèje, 24 janvier 1937.

Je chante quand j'ai l'âme sèche et moite le gosier,
La conscience droite et pour de vrai l'œil mouillé.
Sont-elles bonnes, les outres ? Et le vin est-il bon ?
Est-elle bonne de la Colchide dans le sang l'oscilla-
  tion ?
La poitrine est silencieuse — sans langue — un peu
  serrée ;
Ce n'est plus moi qui chante, c'est ma respiration,
La tête est sourde et l'ouïe dans un montagneux
  fourreau.

Une chanson désintéressée est son propre éloge,
Consolation pour l'ami, pour l'ennemi gluant reproche.

La chanson borgne née de la mousse, la chanson
A une voix, née d'une existence de chasseur,
Et que l'on chante à cheval et sur les hauteurs
En tenant large et libre la respiration
Sans autre souci que conduire les futurs
A la noce, honnêtement et sans bavure.

8 février 1937, Voronèje.

204

Crevasses des criques rondes et sombres taches
  bleues,
Cartilage des graviers, lente voile qu'un nuage pro-
  longe,
Me voici de vous séparé contre mon vœu :
Plus longue que la fugue de l'orgue est l'herbe aux
  cheveux fallacieux,
L'herbe marine amère à l'odeur de long mensonge.
La tête me tourne, ivre d'air ferrugineux,
Et la rive à peine déclive est de rouille rongée...
Le sable sous ma tête, l'aurait-on changé ?
Outre-Volga large d'épaule, Oural au cou sinueux,
Et toi, plaine où je suis, je n'ai pas d'autre lieu.
Eh bien ! Je vous aspire à pleine poitrine, y étant
  obligé.

8 février 1937, Voronèje.

J'ai pris leur sens de la vue aux guêpes menues
Qui sucent l'axe de la terre, l'axe de la terre,
Je pressens tout ce qui m'est advenu
Et m'en souviens par cœur et par chimère.

Je ne joue pas de la voix noire de l'archet,
Et je ne chante pas et non plus ne dessine,
Je ne fais que boire la vie et il me plaît
D'envier les guêpes majestueuses et malignes.

O ! s'il était possible qu'un jour moi aussi,
La chaleur de l'été et l'aiguillon de l'air
Me donnent, dépassant mort et sommeil d'ici,
D'entendre l'axe de la terre, l'axe de la terre.

8 février 1937, Voronèje.

206

J'ai vu un lac, un lac qui se tenait debout,
Et, leur logis d'eau douce achevé, les poissons
Jouaient avec la rose taillée dans la roue,
Dans l'esquif s'affrontaient le renard et le lion.

Les voûtes avortées de voûtes plus ouvertes
Zieutaient par le dedans les trois hurlants portails,
La gazelle enjamba la portée violette
Et du roc le soupir des tours soudain jaillit.

Et fier le grès se dresse, abreuvé de fraîcheur ;
Dans la ville-grillon, la ville des métiers,
Un enfant-océan vient de surgir du fleuve
Et d'eau douce à pleins seaux asperge les nuées[1].

4-7 mars 1937, Voronèje.

1. Ce poème est une évocation de la rosace de Notre-Dame.

Que faire égaré dans le ciel ? Ô vous qui êtes
Proches du ciel, daignez m'en avertir !
Mais chez Dante, les neuf disques d'athlète
Ont moins de peine à retentir.

On ne peut pas me séparer de la vie. Elle
Rêve de mettre à mort et puis se fait câline
Pour que batte dans les orbites, dans les prunelles
Et dans l'oreille l'inquiétude florentine.

Non ! je ne veux pas sur mon front d'une couronne
Faite de lauriers épineux.
Coupez plutôt, coupez mon cœur
En fins éclats de cloches bleues !

Et quand je vais mourir, ayant servi mon temps,
Moi de tout temps l'ami de tout vivant sur terre,
Retentira plus haut et plus immensément
L'écho du ciel dans ma poitrine tout entière.

9-19 mars 1937, Voronèje.

Pour que l'ami des gouttes et du vent
Au-dedans puisse en préserver le grès,
Dans les bouteilles de l'aube ils gravaient
Des nuées de bouteilles et cigognes.

Des Égyptiens l'étatique pudeur
S'agrémentait de chienneries choisies ;
Ils bâtissaient de vaines pyramides,
De cent façons apprêtant les momies.

C'est autre chose, mon frère de sang !
Chanteur coupable, et qui rend confiance.
Et je l'entends d'ici, grinçant des dents,
Revendiquer son droit d'insouciance.

Ayant dans deux testaments déroulé
L'écheveau de son frêle patrimoine,
Puis en adieu, pour stridence et pour legs,
Offert un monde profond comme un crâne,

Près du gothique vécut scandaleux,
Et conspuant le droit des araignées,
L'insolent écolier, l'ange voleur,
Maître François Villon, l'incomparable.

Siéger à ses côtés ne fait pas honte,
Il est le brigand d'un clergé céleste :
Et juste avant que périsse le monde
Va retentir le cri de l'alouette...

18 mars 1937, Voronèje.

De la flûte grecque le thêta et l'iota,
Comme si la rumeur ne pouvait lui suffire.
Sans ciselures, sans calcul,
Elle a mûri, peiné, enjambé les fossés.

On ne peut ni l'abandonner, ni la pousser
Avec la langue à la hauteur de la parole,
Ni sous les dents serrées la forcer à se taire,
Ni la pétrir avec les lèvres.

Et le flûtiste ne connaît pas de repos,
Il se plaît à songer qu'il est seul,
Qu'il a jadis, mais quand, pétri le flot
D'un océan natal dans des glaises lilas.

Et porté par le clair, par l'ambitieux murmure,
Le galop des lèvres qui se souvient,
Il s'empresse d'être parcimonieux,
Il se saisit des sons, attentif et avare.

On ne peut après lui les répéter,
Fragments d'argile caressés entre les paumes.
Moi, depuis que la mer m'a rempli tout entier,
La peste maintenant bat pour moi la mesure.

A croire que le crime prend ici racine.
De mes propres lèvres je ne suis plus l'ami.
J'incline malgré moi, j'incline
La hauteur de la flûte au souffle de ma lèvre.

7 avril 1937, Voronèje.

Je porte à mes lèvres cette verdure,
Ce gluant serment des feuilles,
Je porte à mes lèvres cette terre parjure,
Mère des perce-neige, des chênes, des érables.

Vois comme d'être soumis aux humbles racines
Affaiblit mon regard et me fait prendre force,
Et de ce parc où un grondement retentit
L'œil n'éprouve-t-il pas trop de magnificence ?

Comme des boules de mercure, les crapauds
Font une sphère de leurs voix nouées,
Et branche devient le rameau,
Laiteux mensonge la buée.

30 avril 1937, Voronèje.

Sur la terre vide, rebondissant malgré soi
D'une exquise démarche claudicante,
Elle s'avance, à peine devançant
Sa rapide compagne, et l'ami d'un an plus âgé.
Elle est portée par la pesante liberté
De l'émouvante infirmité,
Et l'on dirait qu'en sa démarche
Est la clé radieuse de l'énigme,
Qui nous enseigne que ce temps printanier
Est l'aïeule de la pierre tombale,
Et que tout va commencer éternellement.

Il est des femmes proches parentes de la terre humide,
Et chacun de leurs pas est comme un sanglot sourd.
Voici leur lot : accompagner les morts,
Et les premières accueillir les ressuscités,
Et il est criminel d'exiger d'elles de l'amour,
Et il est au-dessus de nos forces de nous séparer d'elles,
Ange aujourd'hui, demain ver dans la tombe,
Et après-demain, à peine une silhouette.
Ce qui fut démarche va devenir inaccessible.

Les fleurs sont immortelles. Le ciel est intact.
Et ce qui sera n'est qu'une promesse.

4 mai 1937, Voronèje.

TRISTIA

POÈMES
1921-1928

Cet ouvrage
le cent cinquante-cinquième de la collection Poésie,
composé par SEP 2000
a été achevé d'imprimer par
l'imprimerie Bussière à Saint-Amand (Cher)
le 23 février 1982.
Dépôt légal : février 1982.
Imprimé en France (500).

29243